신문이 보이고 뉴스가 들리는 ❾

재미있는

발명 이야기

신문이 보이고 뉴스가 들리는 ❾
재미있는 **발명 이야기**

개정판 1쇄 발행 | 2013년 12월 10일
개정판 9쇄 발행 | 2021년 1월 20일

지 은 이 | 허정림
그 린 이 | 김지훈 장유정
감   수 | 왕연중

펴 낸 곳 | (주)가나문화콘텐츠
펴 낸 이 | 김남전
편 집 장 | 유다형
외 주 편 집 | 김혜영
편   집 | 이보라
디 자 인 | 정란
외주 디자인 | 원상희
마 케 팅 | 정상원 한웅 정용민 김건우
관   리 | 임종열 김하은

출 판 등 록 | 2002년 2월 15일 제10-2308호
주   소 | 경기도 고양시 덕양구 호원길 3-2
전   화 | 02-717-5494(편집부) 02-332-7755(관리부)
팩   스 | 02-324-9944
홈 페 이 지 | ganapub.com
이 메 일 | ganapub@naver.com

ISBN 978-89-5736-584-7 (74500)

*책값은 뒤표지에 표시되어 있습니다.
*이 책의 내용을 재사용하려면 반드시 저작권자와 (주)가나문화콘텐츠 양측의 동의를 얻어야 합니다.
*잘못된 책은 구입하신 서점에서 바꾸어 드립니다.

*'가나출판사'는 (주)가나문화콘텐츠의 출판 브랜드입니다.

「이 도서의 국립중앙도서관 출판시도서목록(CIP)은 서지정보유통지원시스템 홈페이지(http://seoji.nl.go.kr)와
국가자료공동목록시스템(http://www.nl.go.kr/kolisnet)에서 이용하실 수 있습니다.(CIP제어번호: CIP2013021725)」

• 제조자명 : (주)가나문화콘텐츠
• 주소 및 전화번호 : 경기도 고양시 덕양구 호원길 3-2 / 02-717-5494
• 인쇄일 : 2021년 1월 13일
• 제조국명 : 대한민국
• 사용연령 : 4세 이상 어린이 제품

신문이 보이고 뉴스가 들리는 ⑨
재미있는
발명 이야기

글 허정림 | 그림 김지훈 장유정
감수 왕연중(한국발명문화교육연구소 소장)

| 머리말 |

세상을 바꾸는 발명가가 될 준비가 되었나요?

"이게 뭐지?"

"종이를 찍으니 한 번에 꽉 묶어 주네? 신기하다!"

"그럼 혹시 손가락에도 찍힐까?"

여자아이는 오빠 몰래 구석방으로 가서 이 기계에 손가락을 끼우고 '꾸욱~~' 눌렀어요. 그러고는 '찰칵' 하는 소리가 남과 동시에 "아~~악!" 소리를 질렀어요. 이 기계는 바로 스테이플러였어요.

초등학교 2학년 때, 처음 본 스테이플러가 궁금하고 신기해서 이런 소동을 벌인 말괄량이 여자아이가 바로 이 책을 쓴 선생님이랍니다.

호기심 많고 탐구심도 많았던 선생님은 친구들과 재미있는 놀이를 하며, 무엇이든 직접 눈으로 확인하고 발견하고 배우면서 어린 시절을 보냈어요.

학교 뒷산을 탐색하는 탐험대장이 되기도 하고, 아카시아 꽃도 따서 먹어 보고, 《알프스의 소녀 하이디》를 읽으며 하이디의 꿈과 상상력을 동경하곤 했지요.

그런데 선생님이 늘 궁금하게 여겼던 것이 있어요. 바로 사람들이 "달걀이 먼저냐?

닭이 먼저냐?"라고만 하면서 정작 답은 뭔지 모른다는 것이었어요. "진짜 답이 뭘까?" 선생님은 아직도 궁금해요. 어린이 여러분 중에 답을 아는 사람은 가르쳐 주세요!

이 책에서 선생님이 가장 처음 던진 질문을 기억하나요?

"발견과 발명은 어떻게 다를까요?"

이 질문처럼 호기심과 탐구심을 가지고 생각하고, 행동으로 옮기는 것이 발명가가 될 수 있는 시작이라고 선생님은 생각해요.

이 책에서는 발명의 모든 것을 꼼꼼하게 정리하면서 각각의 발명품을 함께 소개하고 있어요. 발명에 얽힌 이야기를 들려주고 발명가가 되기 위한 방법까지 모두 알려 주지요. 게다가 책의 뒷부분에서는 발명가가 되기 위한 첫 시작으로 발명품을 만드는 노하우도 알려 준답니다.

자! 세상을 바꾸고 이웃을 도울 수 있는 멋진 발명품을 만들어 인류를 위해 사용할 준비가 되었나요? 이 책을 읽는 어린이 여러분 모두가 멋진 발명가가 되길 바랄게요!

허정림

| 차 례 |

머리말 · 4

1 발명과 발견 · 10

어머나, 음식도 발명이라고요? · 12
발명이 도대체 뭐예요? · 16
발명이 먼저예요, 발견이 먼저예요? · 20
발견의 순간, 유레카! · 24
세계의 대발명 연표 | 20세기 이전의 발명 · 26
세계의 대발명 연표 | 20세기 이후의 발명 · 28

2 우연이 만들어 낸 발명 · 30

곰팡이로 약을 만들다: 페니실린 · 32
무엇이든 통과하는 신기한 광선: 엑스선 · 36
세균으로 병균을 치료한다고?: 백신 · 39
아까운 수증기를 왜 버려?: 증기 기관 · 44
무기를 개발하려다 발명한 가전제품: 전자레인지 · 46

3 호기심에서 시작된 발견과 발명 · 48

피가 굳는 이유는 무엇일까?: 혈액형 · 50
웃음 가스로 수술의 고통을 잠재우다: 마취제 · 53
번개의 정체를 밝혀라!: 피뢰침 · 55

4 생각을 뒤집은 발명 · 58

돌아다니며 음악을 듣다! · 60

물이 필요 없는 화장실이 있다고요? · 62

반드시 일어나게 만드는 알람 시계 · 64

발명 지식 플러스 | 발명왕 에디슨의 세상을 바꾼 발명품들 · 66

5 미래를 꿈꾸는 발명 · 68

모르는 길도 척척 찾아 주는 네비게이션: GPS · 70

지구상에서 가장 안정된 물질, 테플론 · 72

복제 양 돌리야, 너의 부모는 누구니? · 74

다음 복제의 순서는 인간일까요? · 77

우리 생활 속에서 로봇을 볼 수 있다고요? · 80

토마토야, 감자야?: 유전자 재조합 식품(GMO) · 84

우주여행, 이제 꿈이 아니에요 · 86

우주로 가는 버스는 몇 번인가요? · 90

세계가 놀란 우리의 발명품 · 94

백성을 사랑하는 마음으로 만든 한글 · 96
서양보다 200여 년이나 앞선 금속 활자 · 100
세계 최초의 철갑선: 거북선 · 102
동양에서 가장 오래된 천문대: 첨성대 · 104
발명 지식 플러스 | 우리나라의 에디슨, 장영실의 발명품들 · 106

좋은 발명 VS 나쁜 발명 · 108

천사와 악마, 두 얼굴을 가진 발명 · 110
건축에 필요한 폭약 vs 전쟁의 무기: 다이너마이트 · 112
전기를 만드는 발전 vs 사람을 죽이는 폭탄: 원자력 · 114
빠른 이동과 편리함 vs 환경 오염의 주범: 자동차 · 116
깨끗한 화장실 vs 지나친 물 낭비: 수세식 변기 · 118
가난한 사람의 버터 vs 몸에 해로운 가짜 버터: 마가린 · 120
편리한 포장 vs 썩지 않는 쓰레기: 비닐 · 122

발명과 특허 · 124

특허에 가려진 전화기의 진짜 발명가 · 126
발명 지식 플러스 | 이동통신의 발달 · 128
발명에 대한 권리, 특허 · 130

발명품마다 다른 권리를 인정받을 수 있어요 · 132
내가 그린 그림도 보호받을 수 있대요 · 136
특허를 받기 위해 알아야 할 사람이 있다고요? · 138
특허청은 무엇을 하는 곳인가요? · 140

9 누구나 발명을 할 수 있어요 · 144

아직도 발명할 것이 많이 남아 있을까요? · 146
나도 발명가가 될 수 있어요 · 150
발명 지식 플러스 | 발명가 자질 테스트 · 154
친구들도 발명을 했대요 · 156
발명 지식 플러스 | 타임지 선정 '올해의 발명품' · 158
좋은 발명가가 되기 위한 약속: 발명 서약서 · 160
생각을 바꾸면 발명을 할 수 있어요 · 162
발명의 기법 · 164
직접 발명품을 만들어 보아요 · 166

사진 출처 · 168
찾아보기 · 169

발명과 발견

1장

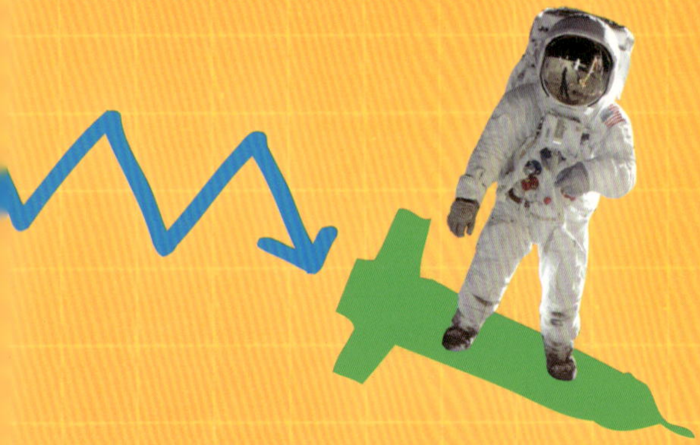

어머나, 음식도 발명이라고요?

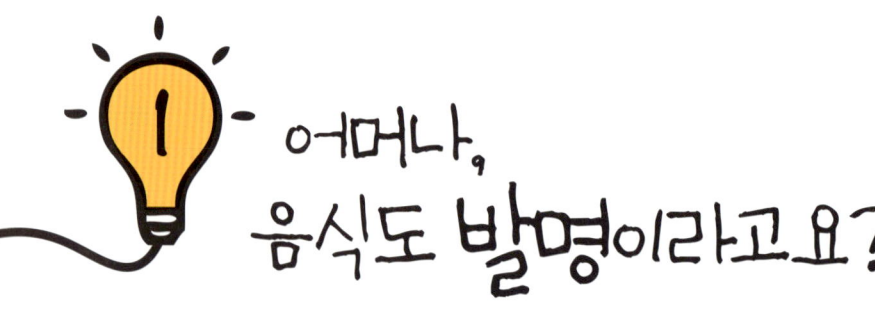

어유, 그것도 몰라? 김치잖아, 김치!

찰칵

그렇지, 김~치!

김치는 지금으로부터 약 2600~3000년 전에 만들어진 우리 고유의 발효 식품이란다.

보관하기 어려운 채소를 소금에 절여 저장 식품으로 만들어 먹던 것이 김치의 유래야.

1700년대에 고추가 들어오자, 여러 가지 양념이 첨가되면서 오늘날 김치의 모습이 되었어.

이렇게 오랫동안 저장하기 위해 발명된 것이 또 하나 있지.

김치는 매워...

바로 통조림이야.

1805년, 프랑스의 아페르라는 사람이 음식을 저장하는 아주 새로운 방법을 생각해 냈단다.

가열해서 살균한 음식을 유리병 속에 넣고,

공기가 들어오지 않게 코르크 마개로 꽉 막는 거지.

2. 발명이 도대체 뭐예요?

'발견'은 이전부터 이미 있었지만 세상에 알려지지 않은 어떤 것을 찾아내는 것을 말해요. 반면에 '발명'은 세상에 아직까지 없었던 새로운 것을 만들어 내는 것을 말하지요. 새로운 물건을 만들어 내는 것뿐만 아니라 새로운 제조 방법을 증명하는 것도 모두 '발명'이라고 할 수 있어요. 즉, 알려지지 않은 것을 생각해 내는 것은 모두 '발명'이라고 할 수 있지요.

불의 발견과 도구의 발명

'발명'과 '발견'은 어떻게 다를까요? 불의 발견과 불과 관련된 도구의 발명에 대해 알면 이해하기 쉬워요. 불은 '인류 최대의 발견'으로 불려요. 우리가 먹고 자고 생활하는 데 없어서는 안 되는 아주 중요한 것이기 때문이에요. 사람들이 맨 처음 발견한 불은 산불이었어요. 화산이 폭발하거나 벼락이 칠 때 산에 불이 붙는 것을 보고 처음 발견하게 되었지요.

원시인들이 가장 먼저 발견한 불인 산불

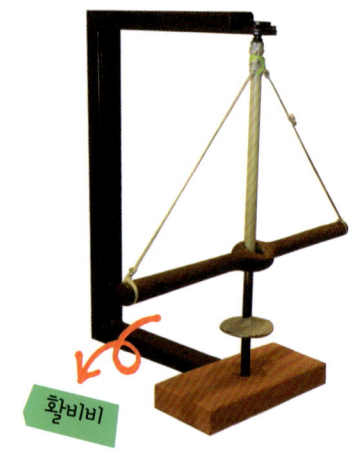

활비비

부싯돌

불이 있으면 밤에도 따뜻하게 지낼 수 있었고, 날고기도 맛있게 익혀 먹을 수 있었어요. 사람들은 이렇게 쓸모 있는 불을 필요할 때 손쉽게 얻고 싶어졌지요. 그래서 언제 어디서나 불을 피울 수 있는 방법을 찾기 시작했답니다.

사람들은 언제 산불이 일어나는지 자세히 관찰했어요. 그 결과 나뭇가지가 바람 때문에 서로 맞비벼지면서 불티가 생긴다는 사실을 알게 되었지요. 그래서 사람들은 나무토막에 구멍을 뚫고 나무 막대기를 꽂아 빠르게 맞비벼서 불씨를 만들어 냈답니다. 불을 일으키는 도구를 발명한 거예요. 이것을 좀 더 사용하기에 편리하게 만든 것이 바로 활비비예요. 이후 사람들은 돌과 돌이 부딪힐 때도 불꽃이 생긴다는 것을 알게 되었어요. 이 원리를 이용한 도구가 바로 '부싯돌'이랍니다.

'발견'과 '발명'

자연현상으로 일어난 불을 찾아낸 것은 '발견'이고, 불을 사용하기 위한 도구를 만든 것은 '발명'이에요. 특히 불과 관련된 도구의 발명은 문명을 일으킨 커다란 '발명'이라고 할 수 있지요. 이렇게 '발견'과 '발명'은 다른 개념이지만 가까운 관계예요. 우연한 발견에서 인류의 삶에 큰 영향을 미치는 훌륭한 발명이 나오는 경우가 많기 때문이랍니다.

발명이 먼저예요, 발견이 먼저예요?

일반적으로 발명가들은 어떤 현상을 보고, 거기에서 떠오르는 아이디어를 이용해서 발명을 해요. 우연히 불을 발견한 뒤 불을 피우는 도구를 발명한 것처럼요. 이렇듯 우연히 어떤 것을 발견한 뒤, 이것을 이용해 모두에게 환영받는 발명품을 만들어 내는 경우가 대부분이에요. 그러니까 '발견'이 '발명'보다 먼저라고 할 수 있지요.

하지만 늘 발견이 먼저인 것은 아니에요. 예외의 경우도 있어요. 어떤 것을 발명한 뒤 그것에 숨어 있는 원리나 힘을 발견하기도 하거든요. 어떤 경우에는 발명품을 통해 다른 곳에 이용되는 힘을 이해하게 되기도 하지요.

발명이 발견보다 먼저였던 '전기'

발견보다 발명이 먼저 이루어진 예는 바로 '전기'예요. 하지만 전기를 이용한 발명품이 먼저냐, 전기의 발견이 먼저냐는 중요하지 않아요. 비록 전기의 원리가 늦게 발견되기는 했지만, 그 뒤로 전기 덕분에 수많은 발명이 가능했으니까요.

전기의 원리는 많은 과학자의 노력으로 밝혀졌답니다. 자, 그러면 전기의 원리를 어떻게 발견하게 되었는지 알아볼까요?

> 나는 볼타 전지를 발명한 **알렉산드로 볼타**란다. 나를 빼놓고는 과학을 이야기할 수 없지.

　이렇게 전기의 원리를 발견했지만 전기를 지금처럼 바로 사용할 수 있는 것은 아니었어요. 우리가 생활에서 쓰는 전기를 만들기 위해서는 전기를 만드는 기계인 발전기가 필요해요. 그런데 볼타 전지를 이용해서 전기를 만들려면 돈이 많이 들었어요. 충분한 양의 전기를 얻을 수도 없었지요.

　그래서 과학자들은 보다 쉽게 전기를 만들 수 있는 방법을 연구했어요. 그 결과, 1831년에 영국의 과학자 마이클 패러데이가 자석의 힘을 전기로 바꾸는 방법을 발견했어요. 이때부터 본격적으로 발전기를 만들기 위한 연구가 시작되었고, 1866년에 독일의 베르너 지멘스가 실용적인 발전기를 발명했어요. 발명왕 토머스 에디슨도 이 발전기를 이용해서 발전소를 만들고 여러 곳에 전기를 보냈답니다.

호박에서 유래된 전기

지금으로부터 약 2600년 전, 그리스의 철학자 탈레스는 장식품으로 사용하던 보석인 호박을 헝겊으로 문지르면 먼지를 끌어당긴다는 것을 발견했어요. 나중에 이 현상이 '마찰 전기' 때문에 생긴다는 사실이 밝혀졌지요. 오늘날 '전기'를 영어로 '일렉트리시티(electricity)'라고 하는 이유는, 이 발견을 기념해서 호박을 뜻하는 그리스 어 '엘렉트론(elektron)'에서 전기의 이름을 따왔기 때문이에요.

호박으로 만든 귀걸이

4 발견의 순간, 유레카!

무언가를 발견해서 깨달음을 얻거나 문제를 해결하는 기쁨을 경험해 본 적이 있나요? 이런 느낌을 한마디로 나타낸 단어가 바로 '유레카'예요. 그리스 어로 '찾았다' 또는 '알았다'라는 뜻이지요.

기원전 200년경, 시칠리아 섬의 도시인 시라쿠사의 왕 히에론 2세는 금으로 새로운 왕관을 만들었어요. 그런데 얼마 뒤 왕관이 순금으로 만들어진 것이 아니라는 소문이 돌았어요. 은이 섞였다는 것이었지요. 왕은 당시 유명한 수학자였던 아르키메데스를 불렀어요.

"왕관의 모양은 그대로 둔 채, 이 왕관에 은이 섞여 있는지 확인할 수 있는 방법을 찾아보게."

그날부터 아르키메데스는 고민에 빠졌어요. 그러던 어느 날 아르키메데스가 생각에 잠겨 물이 가득 찬 목욕통에 들어가자, 목욕통 안의 물이 밖으로 흘러넘쳤어요. 이것을 본 아르키메데스는 벌거벗은 채 목욕통에서 뛰쳐나오며 이렇게 외쳤어요.

"유레카!"

아르키메데스는 흘러넘치는 물을 보며 '부력의 원리'를 깨달았던 거예요. 부력은 기체나 액체 속에 있는 물체가 위로 뜨려고 하는 힘을 말해요. 기체나 액체 속에 있는 물체는 그 물체가 밀어낸 기체나 액체의 부피만큼 부력을 받지요. 아르키메데스는 이 원리를 이용해서 왕관에 은이 섞였다는 사실을 알아냈어요.

아르키메데스는 먼저 커다란 그릇에 물을 가득 채우고 왕관을 집어넣은 뒤, 흘러넘친 물의 양을 쟀어요. 그리고 왕관을 만드는 데 쓰인 것과 같은 양의 금덩어리로도 똑같이 했어요. 그런 다음 흘러넘친 두 물의 양을 비교했더니, 차이가 있었어요. 왕관은 순금이 아니었던 것이지요.

부력의 원리를 발견한 아르키메데스처럼, 여러분도 어떤 새로운 사실을 발견해서 "유레카!"라고 외치는 기쁨의 순간을 가져 보세요. 발견은 곧 발명으로 가는 지름길이니까요.

세계의 대발명 연표
20세기 이전의 발명

동서남북 방위를 알려 주는 나침반

기원전 2500~3000년경
이집트에서 파피루스라는 식물을 이용해 종이를 만들어 사용했어요.

이집트의 파피루스

105년경
중국의 채륜이 나무껍질 등을 이용해 종이를 만들었어요.

271년경
중국에서 나침반을 발명했어요.

갈릴레이식 망원경

프랭클린이 실험했던 피뢰침

와트가 만든 증기 기관

1609년
이탈리아의 갈릴레이가 망원경을 발명했어요.

1752년
미국의 프랭클린이 끝이 뾰족한 금속 막대기인 피뢰침을 발명했어요.

1769년
영국의 와트가 증기 기관을 개량해 특허를 취득했어요.

1800년
이탈리아의 볼타가 전기를 만들 수 있는 전지를 발명했어요.

금속 활자. 현존하는 세계에서 가장 오래된 금속 활자 인쇄물은 1377년에 찍은 《직지심체요절》이에요.

800년경
중국에서 화약을 발명했어요.

1200년대
우리나라에서 금속 활자로 책을 인쇄했어요.

1440년경
독일의 요한 구텐베르크가 금속 활자를 사용해 인쇄술을 혁신했어요.

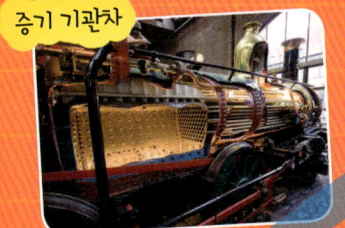

증기 기관차

독일의 지멘스가 전기를 만들어 내는 기계인 발전기를 발명했어요.

스웨덴의 노벨이 다이너마이트를 발명했어요.

1866년

세계 최초의 4바퀴 자동차

1814년
영국의 스티븐슨이 증기 기관차를 발명했어요.

다이너마이트

1876년
미국의 벨이 전화기를 발명했어요.

1885년
독일의 다임러가 자동차를 발명했어요.

세계의 대발명 연표
20세기 이후의 발명

1903년
미국의 라이트 형제가 비행기를 만들어 날렸어요.

1925년
영국의 베어드가 텔레비전을 발명했어요.

1928년
영국의 플레밍이 최초의 항생제인 페니실린을 발견했어요.

라이트 형제가 만든 비행기

우주 왕복선 '컬럼비아호'

달에 첫발을 내딛은 우주 비행사 '닐 암스트롱'

1969년
미국의 우주선 아폴로 11호가 달 표면에 도착해서 인류가 달에 첫발을 내딛었어요.

1981년
미국의 우주 왕복선 컬럼비아호가 사람을 태우고 지구 궤도를 도는 데 성공했어요.

세계 최초의 전자식 컴퓨터 '에니악'

세계 최초의 인공위성 '스푸트니크 1호'

1946년

1957년

미국의 모클리와 에커트가 최초의 전자식 컴퓨터인 에니악을 발명했어요.

소련이 최초의 인공위성 스푸트니크 1호를 우주로 발사했어요.

월드 와이드 웹 브라우저의 하나인 인터넷 익스플로러

최초의 상용 휴대 전화 '8000X'

세계 최초의 복제 양 '돌리'

1983년

1989년

1996년

미국의 회사 모토로라에서 최초의 상용 휴대 전화를 발명했어요.

유럽에서 다양한 데이터와 정보에 접근할 수 있게 해 주는 인터넷 서비스인 월드 와이드 웹을 발명했어요.

영국에서 포유 동물을 복제해서 새끼 양을 만들어 냈어요.

2장 우연이 만들어 낸 발명

곰팡이로 약을 만들다: 페니실린

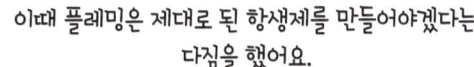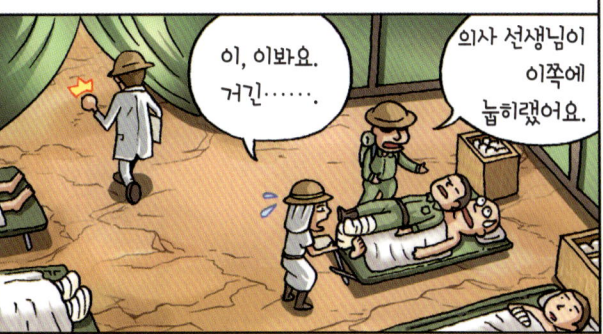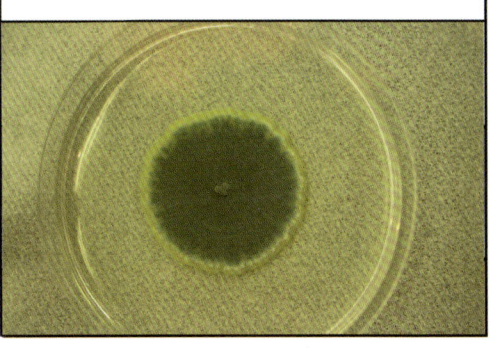

페니실린의 발명으로 인류는 세균과의 싸움에서 이길 수 있는 강력한 무기를 얻게 되었어요. 플레밍은 우연한 발견을 그냥 지나치지 않고, 세심하게 관찰하고 연구한 끝에 위대한 발명을 할 수 있었지요.

푸른곰팡이에서 얻은 페니실린은 세균이 자라고 늘어나는 것을 막는 항생 물질이었어요. 페니실린이 세균에 감염된 사람을 구할 수 있다는 것을 알게 되자, 과학자들은 또 다른 항생 물질을 찾는 데 노력을 기울였어요. 그 결과 결핵을 치료하는 데 쓰이는 스트렙토마이신, 장티푸스와 이질을 치료하는 데 쓰이는 테라마이신 등 400여 종에 이르는 항생제가 발명되었지요.

여러분도 주위에서 일어나는 모든 현상에 대해 관심을 가지고 관찰한다면, 플레밍이 페니실린을 발명한 것처럼 위대한 발명을 할 수 있을 거예요.

알렉산더 플레밍
(1881~1955년)

이거 알아? 독! 푸른곰팡이를 그냥 먹으면?

플레밍이 푸른곰팡이로 사람을 살린 것을 보고, 유통 기한을 넘겨 곰팡이가 생긴 음식을 먹는 친구들은 없겠지요? 페니실린은 푸른곰팡이에서 포도상구균만 죽이는 물질을 분리해 만든 특별한 물질이에요. 하지만 오래되어 상한 음식에 생기는 푸른곰팡이는 독이랍니다. 그러니 푸른곰팡이가 핀 빵은 절대 먹으면 안 돼요.

푸른곰팡이가 핀 빵

2 무엇이든 통과하는 신기한 광선 : 엑스선

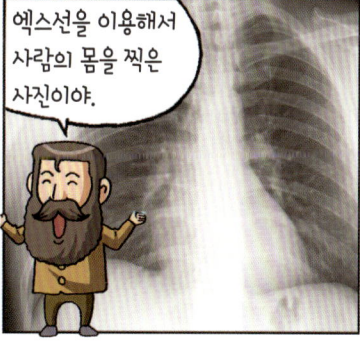

빌헬름 뢴트겐
(1845~1923년)

'유리를 통과하는 새로운 광선의 발견'에서 시작된 뢴트겐의 엑스선 발견은 처음에는 크게 환영받지 못했으나, 시간이 지나면서 그 필요성을 인정받게 되었어요. 그래서 지금은 폐결핵을 진단하거나 뼈의 모양을 볼 때, 몸속에 있는 다른 물질을 찾아낼 때 자주 쓰이고 있지요. 또 엑스선은 암세포를 죽이는 방사선 치료와 무좀이나 기미를 없애기 위한 레이저 치료를 할 때도 필요해요.

이 밖에 전혀 다른 분야인 공업 분야에서 철을 다른 금속과 합칠 때, 두 금속이 얼마나 잘 합쳐졌는지 측정하는 데도 엑스선이 사용되고 있답니다.

 **엑스선이 위험하다고요?**

다양한 용도로 유용하게 쓰이는 엑스선은 우리에게 반가운 존재만은 아니에요. 엑스선은 우주나 땅속의 광물질, 음식 등에서 나오는 자연 방사선과 달리 사람이 필요해서 만들어 낸 인공 방사선이기 때문이지요.

그래서 아무리 적은 양이 쓰인다고 해도 꼭 필요할 경우에만 엑스선 촬영을 하는 것이 좋아요. 독일에서는 어쩔 수 없는 경우를 빼고는 한 사람이 일 년에 세 번 이상 엑스선 촬영을 하지 못하도록 정해 놓고 있답니다. 적은 양이라도 방사선이 우리 몸에 쌓이면 위험할 수도 있기 때문이지요.

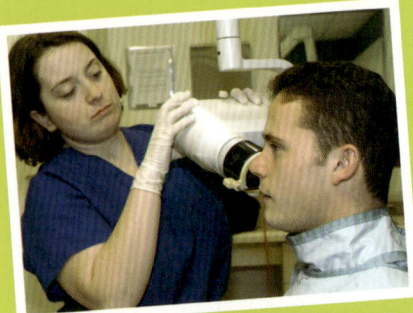

치과에서도 엑스선 촬영을 해요.

3 세균으로 병균을 치료한다고? : 백신

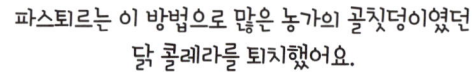

　파스퇴르는 질병과 미생물을 처음으로 연결시킨 과학자예요. 그는 전염성 질병을 일으키는 원인이 바로 병이 나게 만드는 성질을 가진 미생물이라는 사실을 밝혀냈어요.

　또한 세심한 관찰력과 '균을 이용해서 균을 치료한다'라는 새로운 생각으로 전염병으로부터 인류를 구할 수 있었어요.

　세균을 연구하던 파스퇴르는 어느 날, 며칠 동안 방치해 두었던 균을 이용해 실험하다가 놀라운 사실을 발견했어요. 시간이 지날수록 균의 힘이 약해진다는 것이었지요. 그리고 실험을 통해 병을 일으키지 못할 정도로 약한 균을 몸속에 가지고 있으면 강한 균이 침입했을 때 오히려 맞서 싸울 수 있다는 점도 알게 되었어요. 우연한 발견에서 시작된 파스퇴르의 실험은 '신의 저주'라고 불리며 사람들을 공포에 떨게 했던 전염병을 막는 백신 발명의 바탕이 되었답니다.

전쟁 무기가 될 수도 있는 탄저균

탄저병은 초식 동물에게 많이 나타나는 질병으로, 탄저균에 오염된 풀이나 사료를 먹어서 생기는 병이에요. 하지만 사람도 탄저균에 감염된 동물과 접촉하거나 공기 속에 퍼져 있는 탄저병 홀씨를 마시면 위험해질 수도 있답니다. 색깔도 없고 향기도 없으며 아무 맛도 없는 탄저균은, 지금으로부터 약 3500년 전에 나타났다는 기록이 남아 있어요. 탄저균에 감염되면 독감과 비슷한 증상을 보이다가 1~2일 안에 죽게 되지요.

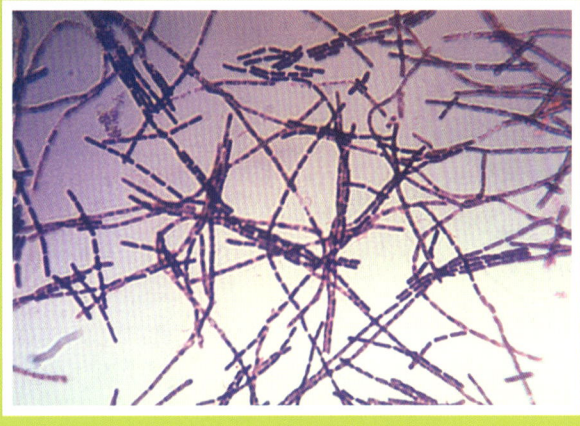

탄저균

그러다 보니 탄저균의 무서운 힘을 나쁜 곳에 이용하는 사람들도 생겨났어요. 바로 전쟁에서 이기기 위해 병균을 무기로 사용하게 된 거예요.

로켓이나 대포, 비행기에 탄저균 홀씨를 실어 하늘에서 떨어뜨리면 많은 사람을 한꺼번에 죽일 수 있어요. 그래서 수소 폭탄보다 더 큰 피해를 줄 수도 있다고 해요. 탄저균 홀씨 100그램으로 300만 명의 목숨을 앗아갈 수 있다고 하니 그 위력이 얼마나 큰지 알겠지요?

실제로 2003년 이라크 전쟁 당시 이라크 군이 전 세계 사람을 죽일 수 있는 양의 탄저균 무기를 만들었다는 정보가 있었어요. 그래서 이라크에 간 미군 15만 명이 탄저병 예방 접종을 하기도 했답니다.

4 아까운 수증기를 왜 버려?: 증기 기관

증기 기관은 수증기가 응축했다가 팽창하는 현상을 이용해서 움직이는 힘을 얻는 장치예요. 뉴커먼이 최초로 만든 증기 기관의 원리는 보일러를 가열해서 거기서 나오는 뜨거운 공기(증기)의 압력으로 피스톤을 밀어냈다가, 실린더를 냉각시켜 증기를 응축시키고 압력을 떨어뜨려서 피스톤을 제자리로 돌아오게 하는 것이었어요.

그런데 냉각시킨 실린더를 다시 가열하려면 지나치게 많은 연료가 들었어요. 이 문제를 해결하기 위해 와트는 뉴커먼의 증기 기관을 개량해 실린더 두 개를 사용하도록 만들었어요. 하나는 항상 뜨거운 상태를 유지하고, 하나는 항상 차가운 상태를 유지하게 하는 것이었지요. 이로써 와트는 낭비되는 연료를 크게 줄일 수 있었답니다.

제임스 와트
(1736~1819년)

5 무기를 개발하려다 발명한 가전제품: 전자레인지

어느 집 주방에서나 볼 수 있는 전자레인지는 참 편리한 가전제품이지요. 간단한 음식을 순식간에 만들 수 있고, 고소한 팝콘도 튀겨 주고 찬 음식도 금방 뜨겁게 만들어 주니까요. 그런데 전자레인지가 전쟁에서 적의 비행기를 찾아내기 위한 레이더를 만들다가 우연히 개발된 발명품이라는 사실을 알고 있나요? 그래서 전자레인지에 처음 붙은 이름은 '레이더레인지'였답니다.

제2차 세계 대전 당시 미국의 공학자였던 스펜서는 레이던사라는 회사에서 레이더에 꼭 필요한 부품인 마그네트론으로 실험을 하고 있었어요. 마그네트론이란 마이크로파(주파수가 매우 높은 전자파)를 내는 데 쓰이는 원통형 관을 뜻해요. 그런데 실험을 하다가 주머니 속의 초콜릿이 녹은 것을 보고 우연히 마이크로파를 발견하게 되었고, 이를 연구해 전자레인지를 발명하게 되었지요.

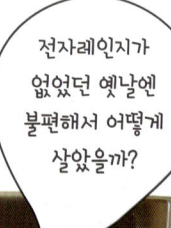

전자레인지가 없었던 옛날엔 불편해서 어떻게 살았을까?

덕분에 전쟁의 도구로만 이용되었던 마그네트론이 우리 생활에 쓰이게 되었을 뿐만 아니라, 제2차 세계 대전이 끝나 일자리를 잃어버릴 위기에 있던 레이던사의 노동자들도 새로운 일을 이어서 해 나갈 수 있었어요. 결국 스펜서가 만들어 낸 전자레인지는 많은 사람에게 편리함은 물론 삶의 희망까지 선물해 주었답니다.

3장
호기심에서 시작된 발견과 발명

피가 굳는 이유는 무엇일까? : 혈액형

혈액형의 발견은 수혈에 대한 연구와 관련이 있어요. 의사들이 안전한 수혈 방법을 찾다가 사람들의 피가 서로 다른 성질을 가지고 있다는 것을 발견한 것이지요. 수혈에 대한 연구가 본격적으로 시작된 것은 1628년이었어요. 영국의 의학자 윌리엄 하비가 혈액이 심장의 박동으로 온몸에 돈다는 사실을 발견하면서부터였지요.

사람에게 수혈을 처음으로 시도한 사람은 프랑스의 장 바티스트 드니라는 의사였어요. 드니는 아픈 소년에게 양의 피를 수혈해서 치료에 성공했어요. 그러나 다음 해에 이와 똑같은 처치를 받은 다른 환자는 얼마 뒤 죽고 말았지요. 이후 유럽에서는 150년 동안 수혈이 금지되었어요.

오랜 뒤에 다시 환자에게 수혈을 한 사람은 영국의 의사 제임스 블룬델이었어요. 블룬델은 같은 종류의 동물끼리만 수혈이 가능하다는 것을 알아낸 뒤, 환자에게 사람의 피를 수혈해 치료에 성공했어요.

그러나 수혈은 더 이상 다른 방법을 쓸 수 없을 때 주로 사용되었어요. 수혈을 받은 많은 환자가 부작용을 일으켰기 때문이지요.

블룬델은 수혈을 받은 환자가 부작용을 일으키는 이유는 피가 굳기 때문이라는 것을 발견했어요. 그래서 혈액이 굳는 것을 막는 약품인 구연산나트륨을 사용했지만, 이것은 근본적인 해결책이 될 수 없었지요.

그로부터 약 10년 뒤인 1899년, 섀톡이라는 연구자가 서로 다른 사람

칼 란트슈타이너
(1868~1943년)

의 피를 섞으면 피가 엉기는 현상이 생기는 것을 발견했어요. 섀톡은 이것을 단순히 열 때문이라고 생각하고 지나쳤지요. 그러나 오스트리아의 의학자 란트슈타이너는 같은 현상을 발견하고 그냥 넘기지 않았어요. 란트슈타이너는 여러 가지 연구를 통해 단순히 다른 사람의 피와 섞였을 때 피가 엉기는 것이 아니라, 어떤 혈액들 사이에는 엉김이 있고, 어떤 혈액들 사이에는 엉김이 없다는 것까지 알아냈지요.

"사람마다 서로 같은 피가 있고 다른 피가 있어. 그래서 같은 피끼리는 뭉치지 않는 거야!"

란트슈타이너는 사람의 피를 세 가지로 나눌 수 있다는 것을 알아냈어요. 이것이 바로 우리가 알고 있는 혈액형이에요. 란트슈타이너는 이 세 종류의 피를 각각 A, B, O형이라고 이름 지었어요. 그리고 그 다음 해, 데카스텔로와 스털리가 다른 성질의 피인 AB형을 발견했지요.

수술 방법에 큰 변화를 가져온 혈액형의 발견은, 다른 사람은 무심코 지나쳤던 현상에 호기심을 가진 한 과학자가 이룬 커다란 성과였어요.

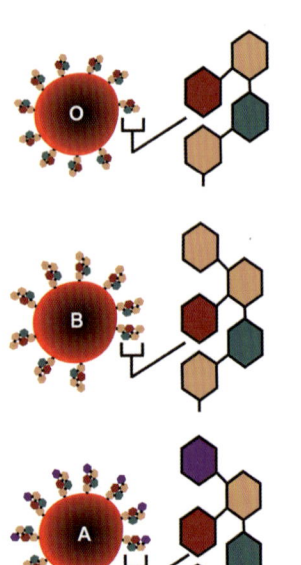

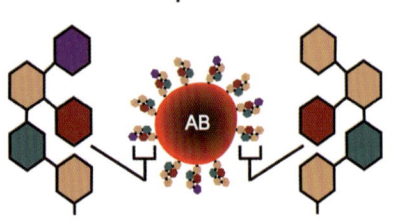

a, b, ab, o형 혈액의 세포 구조가 다 다르네?

2 웃음 가스로 수술의 고통을 잠재우다 : 마취제

> 이 병에 담긴 게 마취제인 클로로포름이구나.

아산화질소의 새로운 성질이 발견되자, 1845년 미국의 의사였던 웰즈는 아산화질소에 색과 향을 넣어 새로 발명한 마취제라고 소개했어요. 그러나 곧 새로운 발명품이 아니라는 사실이 드러났지요.

이후 치과 의사 모턴은 아산화질소 대신 에테르를 사용해서 고통 없이 수술할 수 있는 방법을 알아냈어요. 하지만 에테르는 부작용이 많았어요.

그 뒤 산부인과 의사 심프슨은 1847년에 '클로로포름'이라는 마취제를 발명했어요. 이 마취제는 에테르에 비해 자극이 적어 부작용이 덜했을 뿐만 아니라, 마취 효과도 뛰어나고 사용도 간편했어요.

이거 알아? 마취약이 없었을 때는 어떻게 수술을 했을까?

마취제가 발명되기 전에는 큰 수술을 할 수 없었어요. 간단한 수술을 할 때는 술을 마셔서 취하게 하거나, 정신을 몽롱하게 만드는 아편을 사용하거나, 혹은 재미있는 이야기를 들려주어 관심을 다른 데로 돌리는 방법을 썼지요. 어렵거나 힘든 수술은 환자를 쇠사슬로 묶거나 뒤통수를 몽둥이로 쳐서 기절시킨 다음에 했답니다. 하지만 이런 방법을 쓰면 환자가 매우 고통스러워했을 뿐만 아니라 심한 경우에는 심장 마비로 죽는 일까지 있었다고 해요.

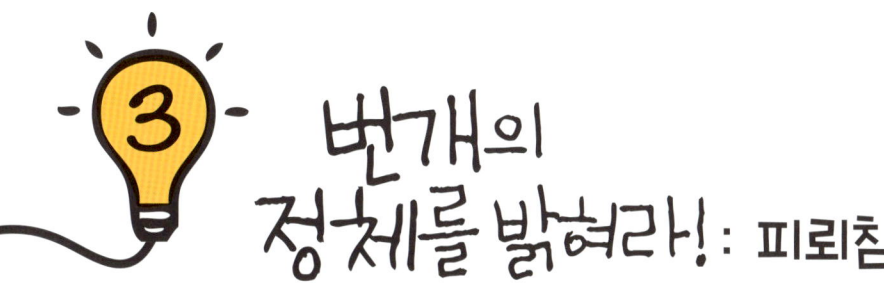

3 번개의 정체를 밝혀라! : 피뢰침

'번쩍!'

하늘에서 갑자기 땅을 향해 내리꽂히는 번쩍이는 전깃불, 번개!

옛날 사람들은 하늘에서 커다란 소리와 함께 정체 모를 빛이 번쩍이면 두려움에 떨었어요. 그러나 한 사람만은 호기심 어린 눈으로 그 빛을 바라보았지요. '번개는 혹시 전기가 아닐까?' 하는 생각을 가지고 말이에요. 그 사람은 바로 미국의 유명한 정치가이자 작가, 과학자인 벤자민 프랭클린이었어요.

프랭클린은 평소 전기에 관한 호기심이 많았어요. 그래서 유리 막대를 명주로 문질러 마찰 전기를 일으키는 등 다양한 전기 실험을 했어요. 그러다가 번개의 실체가 전기일 것이라는 확신을 가지게 되었지요.

1752년, 프랭클린은 폭풍우가 몰아치는 어느 날 밤에 연줄 끝에 열쇠를 달아 하늘로 날렸어요. 전기가 통하는 물체인 열쇠를 이용해 번개가 가진 전기의 성질을 찾아내려는 생각이었지요. 잠시 뒤 열쇠에 불꽃이 튀는 것을 발견한 프랭클린은 번개의 정체가 전기라는 것을 알아냈어요.

전기 실험을 할 때도 불꽃이 나타나고, 번개가 칠 때도 불꽃이 나타나는군. 어쩌면 전기가 번개의 진짜 얼굴이 아닐까? 좋아, 내가 그 가면을 벗기고 말겠어!

벤자민 프랭클린
(1706~1790년)

그런데 번개가 치는 날이면 벼락에 맞아 사람이 죽기도 하고, 건물이 무너지기도 했어요. 벼락은 번개가 땅으로 떨어지는 것을 말하지요. 프랭클린은 '벼락이 사람 몸이나 건물에 떨어지지 않고 바로 땅속으로 들어가게 하는 방법이 없을까?' 하고 궁리했어요. 번개가 치는 날이면 밖으로 나가 벼락이 떨어지는 모습을 관찰하고는 했지요. 마침내 프랭클린은 끝이 뾰족하고 높은 곳에 있는 물체에 벼락이 많이 떨어진다는 것을 알아냈어요.

이렇게 해서 발명된 것이 바로 피뢰침이에요. 높은 건물의 꼭대기에 전기가 잘 통하는 뾰족한 막대기를 세운 다음, 전기가 잘 통하는 구리선을 땅속까지 연결해 벼락이 칠 때 흐르는 큰 전류가 다른 곳으로 흐르지 않고 바로 땅속으로 들어가도록 한 장치이지요.

프랭클린은 이 발명품으로 큰돈을 벌 수도 있었지만, 많은 사람이 피뢰침을 이용해서 위험에서 벗어나는 것을 더 중요하게 생각했어요. 그래서 특허를 내지 않았지요. 덕분에 사람들은 마음 놓고 피뢰침을 설치할 수 있었답니다.

4장

생각을 뒤집은 발명

돌아다니며 음악을 듣다!

소니사의 '워크맨'

1979년에 '워크맨'이 등장하기 전까지는 돌아다니면서 음악을 듣는다는 것은 상상도 하지 못한 일이었어요. 워크맨은 먼 나라로 가는 비행기 안에서 지루해지자, 혼자 조용히 음악을 듣고 싶다고 생각한 한 사업가가 떠올린 기발한 아이디어였지요.

이 사업가는 바로 일본의 가전제품 회사인 소니사의 회장 이부카 마사루였어요. 이부카는 주머니에 들어갈 수 있는 작은 휴대용 카세트 플레이어를 만들도록 회사에 지시했어요. 소니사는 이미 작은 녹음기를 만들어 팔던 터라 이 기발한 생각을 훨씬 손쉽게 발명품으로 만들 수 있었지요. 소니사의 기술자들은 작은 녹음기에서 녹음하는 부분을 떼는 대신, 스피커처럼 아주 질 좋은 음악을 들을 수 있는 기술을 개발했어요. 그리고 마침내 싸고 작은 카세트 플레이어인 '워크맨'을 만들어 냈어요.

운동을 하거나 걸으면서 음악을 들을 수 있는 획기적인 발명품이었던 '워크맨'은 1998년까지 무려 2억 5천만 개나 팔렸다고 해요.

2 물이 필요 없는 화장실이 있다고요?

　물 없이 사용하는 수세식 양변기라니, 상상이 되나요? 그런데 빌 게이츠 재단이 개최한 화장실 재발명 박람회에서 물이 필요 없는 변기가 실제로 발명되었답니다. 빌 게이츠 재단은 "앞으로 3년 안에 빈곤 국가에 이 특별한 변기가 있는 화장실을 설치할 예정이다."라고 밝혔어요.

　지금도 세계 많은 지역의 가난한 사람들은 위생적인 화장실이 없어서 아무 데나 용변을 보고 있어요. 때문에 환경이 더러워져 많은 사람이 질병에 시달리고 있지요. 사람들의 배설물은 땅과 지하수를 오염시켜요. 물이 귀하고 수돗물이 없는 나라의 사람들은 이 더러운 물을 마시고 병에 걸리지요. 단지 오염된 더러운 물을 마셔서 걸리는 질병인 설사 한 가지만으로도 매년 100만 명 넘는 어린이가 목숨을 잃는다고 해요.

　이제 물이 필요 없는 화장실 덕분에 가난한 나라의 공중위생을 개선하고 질병을 예방할 수 있게 되었어요. 귀중한 자원도 절약할 수 있게 되었고요.

　기존 화장실은 배설물을 물로 내려 보내는 방식이라서 엄청난 양의 물을 소비할 수 밖에 없어요. 또 배설물로 더러워진 물을 깨끗하게 만드는 정화 시설을 운영하는 데도 많은 돈과 노력이 필요하지요. 하지만 물이 필요 없는 새로운 화장실은 물과 다른 자원들을 절약하는 것은 물론, 환경 오염을 줄일 수 있어서 무척 훌륭한 발명이라고 할 수 있답니다.

4장 생각을 뒤집은 발명 63

3 반드시 일어나게 만드는 알람 시계

아침에 잠을 깨워 주는 알람 시계는 꼭 필요한 물건이지만, 한편으로는 단잠을 깨우는 얄미운 발명품이기도 해요. 아침마다 학교에 가려고 일어날 때면 정말 일어나기 싫지요. 더 자고 싶어서 알람시계를 끄고 또 잠들었다가 지각을 한 적도 있을 거예요.

그런데 이런 평범한 알람 시계는 이제 더 이상 필요 없어질 것 같아요. 일어나지 않고는 못 배기게 만드는 기발한 알람 시계 발명품들이 나왔거든요.

미국의 한 대학생이 아침에 일어나지 못하고 늘 알람 시계를 꺼 버리는 것 때문에 고민했어요. 그러던 어느 날, 그는 기발한 생각을 떠올렸답니다.

"알람 시계에 바퀴를 달아서 쉽게 끌 수 없게 도망 다니게 하는 거야!"

이 기발하고 재미있는 발명품은 많은 사람이 아침에 잠에서 깨지 못해서 겪는 어려움을 단번에 해결해 주었어요. 또 평범한 대학생을 유명하게 만들어 주었을 뿐 아니라 부자로도 만들어 주었지요. 이렇듯 도저히 '안 일어날 수 없는 알람 시계'는 생각을 뒤집어 평범한 시계를 기발한 발명품으로 만들어 낸 예랍니다.

발명 지식 플러스

발명왕 에디슨의 세상을 바꾼 발명품들

에디슨은 수많은 발명품을 남긴 발명왕이에요. 학교를 3개월밖에 다니지 못한 낙제생이었지만 축음기, 현대 전화기가 나온 배경이 된 탄소 송화기, 백열전구, 최초로 상업화된 전등과 전력 체계, 가정용 영사기 등을 발명했어요. 에디슨은 다음과 같은 유명한 말을 남겼지요. "천재는 99%의 노력과 1%의 재능으로 이루어진다."

토머스 앨바 에디슨
(1847~1931년)

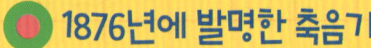
1876년에 발명한 축음기

에디슨의 3대 발명품 중 하나로, 소리를 녹음하고 재생하는 장치예요. 에디슨이 가장 아끼는 발명품이기도 해요.

에디슨의 축음기를 부분 확대한 모습.

 ### 1889년에 발명한 가정용 영사기인 키네토스코프

에디슨의 3대 발명품 중 하나로, 이것 덕분에 오늘날 텔레비전과 영화를 볼 수 있는 거랍니다.

1879년에 발명한 백열전구

에디슨의 3대 발명품 중 하나로, 원시 시대에 발견한 불 이후 '인류가 발견한 두 번째 불'로 불릴 만큼 인류의 생활을 크게 바꾸어 놓았어요.

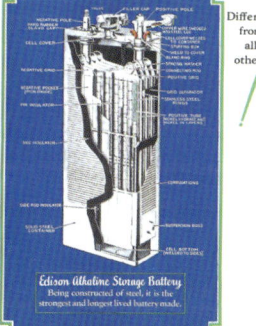

 ### 1909년에 발명한 축전지

포드 자동차 T형에 장착되었고, 에디슨에게 가장 많은 돈을 벌게 해 준 발명품이에요. 축전지를 발명하기까지 에디슨은 25,000번이나 실패를 거듭했다고 해요.

1876년에 설립한 먼로파크의 실험실

이 실험실에서 에디슨의 발명품 대부분이 발명되었어요.

 ### 1877년에 발명한 탄소 송화기

오늘날 쓰이는 현대식 전화기의 기본 원리가 이것 덕분에 만들어졌어요.

5장 미래를 꿈꾸는 발명

모르는 길도 척척 찾아 주는 네비게이션 : GPS

차를 타고 다닐 때 이젠 길을 몰라서 헤맬 걱정은 하지 않아요. 주소만 알면 척척 길을 가르쳐 주는 네비게이션이 있기 때문이지요. 아무리 꼬불꼬불한 골목길도 네비게이션을 켜면 다 가르쳐 준답니다.

네비게이션은 우주에 떠 있는 위성으로부터 받은 정보로 지구상의 위치를 파악하는 GPS를 이용해서 만든 기계예요. GPS는 처음에는 군사적 목적으로 개발되었어요. 군사적으로 필요한 목표물을 추적하고 위치를 파악해서 미사일을 쏘기 위해서였지요. 또 군대에서 탐사나 구조, 수색하는 임무에도 사용되었지요. 하지만 지금은 여러 나라가 우주 공간에 떠 있는 위성을 함께 이용하며 여러 가지 목적으로 사용하고 있어요.

우리가 쓰는 휴대 전화에도 GPS 장치가 들어 있답니다. 그래서 위치를 알려 주는 서비스를 신청해 두면 집에 늦게 들어오시는 아빠가 어디쯤 오고 계신지 알 수 있어요. 잃어버린 휴대 전화를 찾을 때도 GPS는 큰 역할을 한답니다.

GPS 장치를 이용해서 길을 알려 주는 기계인 네비게이션

지구상에서 가장 안정된 물질, 테플론

세상에 처음 만들어진 이 물질은 마치 플라스틱 같았어요. 그리고 그 어떤 환경적인 영향도 받지 않는 신기한 물질이었지요. 이 물질이 바로 지구상에서 가장 안정된 물질로 불리는 테플론이랍니다.

어떤 물체의 표면에 테플론을 입히면 녹이 스는 것을 막을 수 있어요. 이런 테플론의 성질은 미국에서 원자 폭탄을 만들 때도 이용되었어요. 이뿐만 아니에요. 부엌의 필수품인 프라이팬에도 사용되었답니다.

"아무것도 달라붙지 않는다."

이것은 음식이 달라붙지 않기로 유명한 프라이팬을 만드는 프랑스 테팔사의 광고 문구예요. 테팔사는 1954년, 테플론의 매끄러운 요소를 처음으로 프라이팬에 접목시켜 사람들의 생활을 편리하게 만들어 주었어요. 이 밖에도 테플론은 우주 비행사를 보호해 주는 우주복뿐만 아니라 우리가 일상에서 입는 운동복이나 등산복 등 다양한 분야에 이용되고 있어요.

또 우리 몸의 일부인 장기를 만드는 데도 쓰인답니다. 다른 물질과 화학 반응을 하지 않기 때문에 인공 심장과 인공 핏줄의 가장 좋은 재료가 되거든요. 테플론은 이처럼 의학도 발전시킨 기발한 발명품이랍니다.

표면에 테플론을 입힌 테팔사의 프라이팬

테플론은 높은 온도에서도 변하지 않고 잘 견디는 성질이 있어서 우주복에 사용되지요.

복제양 돌리야, 너의 부모는 누구니?

   1996년 7월 5일, 영국에서 '돌리'라는 아주 특별한 양이 태어났어요. 체세포 복제로 만들어진 세계 최초의 동물이지요. 돌리를 탄생시킨 것은 영국 로슬린의 작은 마을에서 연구하던 이언 윌머트라는 연구원이었어요. 돌리는 어미 양과 생김새와 목소리, 몸을 구성하는 요소 하나하나까지도 똑같았답니다.

   이런 일을 가능하게 한 것은 바로 '체세포 복제'라는 기술이에요. 체세포 복제는 어떤 동물을 현재 상태 그대로 똑같이 만들어 낼 수 있는 기술이지요. 이 기술이 사람에게도 성공적으로 적용된다면 지금의 나와 똑같은 사람을 만들어 낼 수 있어요.

   체세포 복제를 이용해서 새로운 생명체를 만들기 위해서는 복제하려는 동물의 체세포가 필요해요. 손톱, 머리카락, 피부 조직 등에서 얻을 수 있는 체세포에는 유전자 정보가 들어 있어서 유전자가 같은 동물을 만들어 낼 수 있거든요.

   체세포를 얻은 다음에는 난자에 이 체세포를 넣어 '복제 수정란'을 만들어요. 복제 수정란은 원래 난자에 들어 있던 핵을 빼내고, 대신에 복제하려는 동물의 체세포를 집어넣어 만들지요.

   복제 수정란을 만든 뒤엔 자궁에 착상시켜 키워요. 이때 수정란을 키우는 자궁은 체세포를 준 동물의 자궁이 아니라, 같은 종의 다른 동물의 자

성숙한 6살짜리 암컷 양의 젖에서 세포를 떼어 내요.

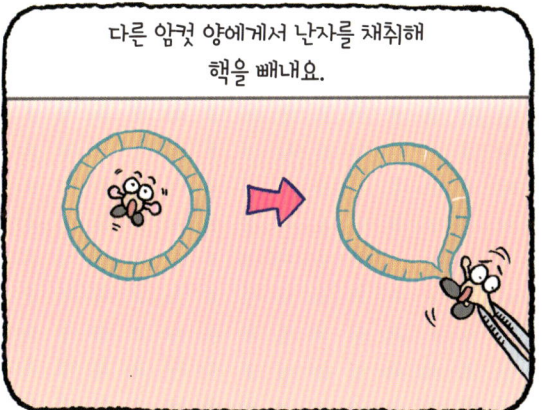

다른 암컷 양에게서 난자를 채취해 핵을 빼내요.

핵이 제거된 난자에 6살 암컷 양의 젖에서 떼어 낸 세포를 넣어요.

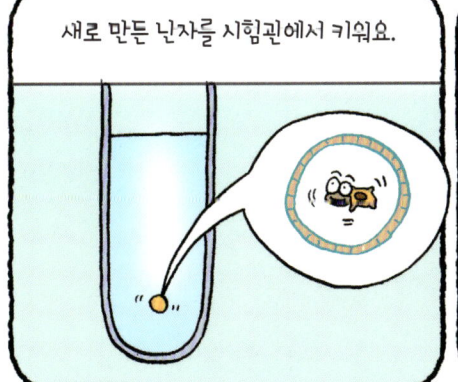

새로 만든 난자를 시험관에서 키워요.

일정 기간이 지나, 튼튼해진 난자를 또 다른 암컷 양의 자궁에서 키우지요.

궁이지요. 이 역할을 하는 동물은 다른 동물의 수정란을 자신의 자궁에서 키우기만 하기 때문에 '대리모'라고 불려요.

대리모 역할을 하는 동물이 자궁에서 새끼를 키워서 낳으면, 드디어 체세포 복제 동물이 태어나는 거예요. 체세포 복제 동물은 체세포를 제공한 동물과 완전히 똑같은 유전자 배열을 가지고 있기 때문에, 일란성 쌍둥이처럼 모습이 똑같아요.

이런 과정을 거쳐 태어난 최초의 체세포 복제 양 돌리는 6년 동안 살다가 죽었어요. 보통의 다른 양보다는 짧게 살았지만 사는 동안 일반 양처럼 털도 자라고, 새끼도 낳는 등 정상적인 생활을 했지요.

돌리의 성공적인 복제를 시작으로 쥐(1997년), 소(1998년), 염소(1999년), 돼지(2000년), 고양이(2002년)가 복제되었어요. 덕분에 생명 공학은 빠른 속도로 발전하게 되었답니다. 생명 공학은 유전자를 다시 조합하거나 세포를 합치는 것처럼 생물의 기능을 바꾸는 기술을 말해요.

4 다음 복제의 순서는 인간일까요?

동물 복제는 세포 하나에서 온전한 동물을 만들어 내는 것을 말해요. 앞에서 본 돌리도 이런 방법으로 만들어졌지요. 그런데 이렇게 동물 실험에 여러 번 성공해서 어느 정도 안전성이 증명되자, 사람에게도 같은 실험을 하려는 과학자들이 나타났어요. 하지만 이런 새로운 기술을 인간에게 적용할 때는 깊이 생각해야 한답니다.

현재 가장 문제가 되는 것은 '인간 배아 복제'예요. 인간 배아 복제는 질병 치료 등의 목적을 위해 정자와 난자가 만나 수정된 지 얼마 되지 않은 인간의 배아를 복제하는 것을 말해요.

그런데 인간 배아 복제에 대해서는 찬성과 반대의 두 가지 의견이 팽팽하게 맞서고 있어요. 반대하는 쪽은 인간 배아 복제에 필요한 배아를 얻으려면 장차 한 생명이 될 배아를 파괴해야 하므로 안 된다는 입장이에요. 반면에 찬성하는 쪽은 인간 배아 복제를 질병을 고치는 데 이용하면 생명을 연장할 수 있으므로 꼭 필요하다는 의견이지요.

인간 배아에서는 줄기세포를 추출할 수

배아 줄기세포

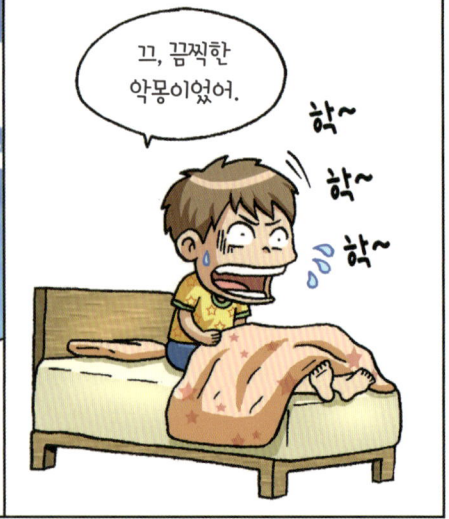

있는데, 줄기세포란 모든 조직의 세포로 분화할 수 있는 힘을 지녔지만 아직 분화되지 않은 세포예요. 그래서 이런 특성을 이용하면 다치거나 질병 등으로 조직이 손상되었을 때, 배아 줄기세포를 원하는 조직으로 분화시켜서 그 조직을 다시 만드는 데 이용할 수 있을 거라고 기대하고 있지요.

여러분의 생각은 어떤가요? 내 몸 세포의 일부분으로 나와 똑같은 누군가가 만들어진다면 기분이 어떨까요? 어느 날, 나와 똑같은 복제 인간이 나타난다면요? 무척 혼란스럽겠지만, 생각하기에 따라서는 재미있을 수도 있을 거예요. 하기 싫은 공부나 심부름도 대신 해 주고 시험도 대신 봐 줄 테니까요.

그렇지만 반대로 나와 똑같은 아이가 나 대신 엄마와 아빠의 사랑을 받고, 내가 해야 할 일을 다 해 버린다면 어떨까요? 나와 똑같은 복제 인간이 있다는 것이 좋은 일만은 아니겠지요?

인간 복제는 인간의 존엄성 면에서 커다란 문제가 될 수 있어요. 한 사람의 생명과 인격은 전 우주에서 단 하나뿐이어야 하고, 다른 누군가가 마음대로 만들거나 없앨 수 없기 때문이지요. 그리고 인간 배아 복제를 연구하고 시행하는 과정에서 장차 생명이 될 수 있는 수많은 수정란이나 배아 세포가 버려지는 것도 문제예요. 따라서 이에 대한 윤리적인 문제도 고민해야 해요.

뿐만 아니라 인간 복제가 가능해진다면 가족 제도도 심각한 혼란에 빠질 거예요. 예를 들어 아버지의 복제 인간은 내게 부모일까요, 아무 관계도 아닐까요? 이런 문제도 고민해야 한답니다.

우리 생활 속에서 로봇을 볼 수 있다고요?

안녕?
난 아인슈타인 박사와 얼굴이 같은 로봇 '알버트 휴보'란다.

로봇이란 말은 체코슬로바키아의 작가인 차페크가 처음으로 사용했어요. '로봇'은 체코 말로 '힘들고 하기 싫은 일'이라는 뜻의 '로보타(robota)'에서 나온 말이에요. 사람들이 힘든 일을 누군가에게 대신 시키고 싶은 마음에서 만든 새로운 기계가 바로 로봇이랍니다.

로봇은 주로 위험한 일이나 힘든 일을 돕기 위해 만들어졌어요. 일하는 로봇은 1962년 미국에서 처음 만들어졌는데, 자동차를 조립하는 데 쓰이는 팔만 있는 로봇이었어요. 이후 빠른 속도로 발전을 거듭해서 2000년대에 들어서자 일본에서는 지능을 가진 로봇이 나왔지요. 얼마 전에는 꼬집으면 눈살을 찌푸리며 감정을 표현하는 로봇도 발명되었어요. 로봇 개발 기술은 이렇게 날로 발전하고 있지요.

우리나라의 로봇 기술도 세계적인 수준에 올라 있어요. 한국과학기술원(KAIST)이 만든 인간형 로봇 알버트 휴보는 미국 ABC 방송국의 유명한 프로그램인 〈굿모닝 아메리카〉의 25년 후 미래 세상을 다룬 방송에 출연해서 많은 관심을 받았지요. 이 로봇은 아인슈타인 박사와 똑같은 얼굴을 한 기발한 발명품이랍니다.

　장애인을 위해 만들어진 로봇도 있어요. 휠체어 로봇이 바로 그 주인공이에요. 미국의 비제이 쿠마르 박사가 '휠체어를 탄 장애인이 마음대로 다닐 수 있으려면?'이라는 고민에서 개발한 것이지요. 휠체어 로봇을 타면 로봇 팔이 계단 위로 휠체어의 앞바퀴를 올려놓아 주기 때문에 장애인도 어렵지 않게 계단을 오르내릴 수 있어요.

　그동안 우리가 보아 온 영화 속의 로봇은 〈터미네이터〉에서처럼 인간을 몰살시키는가 하면, 〈매트릭스〉에서처럼 인간을 도구로 사용하는 등 나쁘게 나오는 경우가 많았어요. 또한 인간의 이기심으로 만들어진 로봇은 오히려 인간들에게 위험한 존재가 될 수도 있지요. 그러나 발명가의 바른 마음만 있다면, 휠체어 로봇같이 인간과 함께 살아가는 친구나 이웃처럼 친근한 로봇을 얼마든지 만들 수 있을 거예요.

춤추는 로봇

언덕을 올라가는 로봇

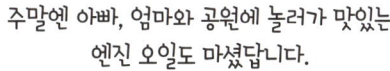

6 토마토야, 감자야?
: 유전자 재조합 식품(GMO)

"열매는 토마토, 뿌리는 감자!"

이런 상상은 자연 속에서는 불가능하지만 과학자들의 실험실에서는 가능했어요. 과학자들은 원래의 식물들을 다양한 방법으로 실험하면서 새로운 품종의 농산물을 만들어 냈어요. 이것을 '유전자 변형'이라고 해요.

파인애플과 딸기를 합쳐서 만들어진 '파인애플 딸기'

유전자 변형 작물을 만들려면 먼저 변형하려고 하는 작물에 어떠한 특징을 갖게 할 것인지 결정해야 해요. 그리고 원하는 특징을 지닌 작물의 유전자를 찾은 뒤, 이것을 변형하려는 작물에게 넣어 주면 되지요.

유전자 변형 작물을 지구촌의 식량 부족을 해결해 줄 희망의 열쇠로 보는 사람들도 있어요. 하지만 자연의 순리를 따르지 않고 과학적으로 생명을 조작하는 것에 반대하는 사람들도 있답니다.

유전자 재조합 식품은 유전자 조작 또는 재조합 등의 기술을 통해 재배, 생산된 농산물을 원료로 만든 식품을 말해요. 가장 흔히 알려진 유전자 변형 농산물로는 콩과 옥수수가 있지요. 이런 콩과 옥수수로 만든 기름이나 빵 등은 모두 유전자 재조합 식품에 속해요.

그런데 유전자 변형 농산물이 안전한지 아닌지는 아직 밝혀지지 않았어요. 자연이 만든 것이 아닌 실험실의 농산물을 이용할 때는 안전을 위해 더 많은 연구가 필요하지요. 실제로 동물 실험을 했더니 유전자 변형 농산물을 먹으면 건강에 문제가 생기는 경우가 있었답니다. 과학자들은 유전자 변형 농산물이 인류에 큰 재앙을 가져올 수도 있다고 경고하고 있어요.

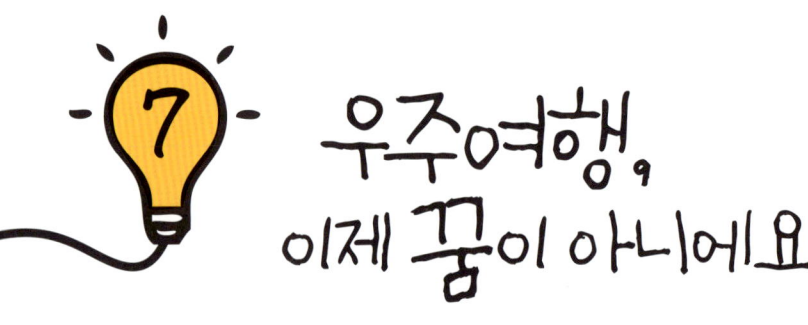
7 우주여행, 이제 꿈이 아니에요

여러분은 신문이나 뉴스에서 엄청나게 많은 돈을 내고, 어려운 훈련 과정을 마치면서까지 우주로 나가려는 사람을 본 적이 있나요? 이제 우주로 나가는 것은 우주 비행사들만 할 수 있는 일이 아니라, 보통 사람도 일정 조건을 갖추면 가능한 일이 되었어요. 더 넓은 세계로 나가려는 인간의 꿈이 우주를 여행할 수 있도록 만든 것이지요.

하루가 다르게 발전하는 우주 항공 공학 기술은 어쩌면 화성으로 수학여행을 가는 꿈도 이룰 수 있게 해 줄지도 몰라요. 그러나 지금으로부터 200여 년 전, 하늘을 나는 일이 현실이 되었을 때도 사람들은 이런 날이 올 것이라고는 상상도 하지 못했어요.

인간이 처음으로 하늘을 날 수 있었던 것은 1783년, 공기보다 가벼운 기체를 이용한 열기구가 발명되던 날이었어요. 프랑스의 몽골피에 형제가 만든 이 열기구는 파리 근교에서 떠올라 약 25분 동안 하늘을 나는 데 성공했지요.

그 뒤 1903년에 라이트 형제가 만든 동력 비행기가 비행에 성공하면서 인간 비행의 역사가 본격적으로 시작되었어요. 라이트 형제가 시도한 최초의 비행은 비록 하늘에 떠 있던 시간이 12초밖에 되지 않았고 지켜보는 사람도 거의 없었지만, 지금과 같은 항공 시대를 여는 첫걸음이 되었어요.

인류 최초로 달에 발을 내딛은 닐 암스트롱

비행기에 대한 연구와 노력은 계속되어, 지금의 비행기는 일반적으로 시속 800~970km의 속력을 낼 수 있을 만큼 발달했어요. 비행기는 지구를 하나의 생활권으로 묶고, 무역 거래 등의 경제 문화 교류를 활발하게 만든 발명품으로 사람들의 생활에 큰 변화를 가져왔어요.

비행기의 발명으로 하늘을 나는 꿈을 이룬 사람들은 이제 우주로 나가는 방법을 고민했어요. 그리고 1957년 10월, 드디어 옛 소련이 인공위성을 만들어 우주로 쏘아 올려 우주에 대한 동경이 현실이 될 수 있다는 것을 증명해 보였지요.

그로부터 4년 뒤인 1961년, 옛 소련은 사람이 탄 우주선 보스토크 1호를 우주로 쏘아 올렸어요. 이 우주선에 타고 있던 우주 비행사 유리 가가

린은 약 1시간 48분 동안 지구 주위를 돌며 우주에서 지구를 바라볼 수 있었어요. 가가린은 "지구는 푸른 별이었다."라는 말을 남긴 것으로 유명해요. 이로부터 7년 뒤에는 미국의 닐 암스트롱이 달에 첫발을 내딛었어요. 이때부터 사람들은 우주여행이 가능할지도 모른다는 생각을 하게 되었지요.

지금도 우주를 향한 인간의 동경은 계속되고 있어요. 새로운 정보를 얻기 위해 우주 공간과 여러 행성에 우주 탐사선을 보내 탐사를 계속하고 있지요. 우리나라의 통신위성 무궁화 5호와 과학기술위성 나로호도 우주에서 당당히 태극기를 휘날리며 맡은 역할을 톡톡히 해내고 있답니다.

우주 생활에 대한 궁금증을 풀어 드립니다

우주 공간에는 중력이 없어서 지구에서처럼 땅에 발을 붙이고 서 있을 수 없어요. 그래서 우주선 안의 우주 비행사들은 공중에 둥둥 떠다니지요. 물건들도 마찬가지예요. 아무리 탁자 위에 올려놓아도 제자리에 있지 못하고 공중으로 떠올라요. 물도 흐르는 것이 아니라 방울로 떠다닌답니다.

이런 우주 공간에서는 어떻게 생활할까요? 세계 최초의 여성 우주 관광객이었던 아누셰 안사리는 우주 블로그를 열어 사람들의 이런 궁금증을 풀어 주었어요. 우주 비행사들은 젖은 수건으로 몸을 닦고, 양치질한 물은 뱉지 않고 삼킨다고 해요. 그리고 머리를 감을 때는 물주머니 속의 물로 머리 위에 커다란 물방울을 만든 다음, 드라이 샴푸(머리카락에 물을 묻히지 않고 머리를 감을 수 있게 만든 샴푸)로 씻어 낸다고 해요. 이때 조금만 빠르게 움직여도 작은 물방울들이 사방으로 흩어지기 때문에 부드럽게 움직여야 한대요. 게다가 물을 버릴 수 없기 때문에 자신의 소변을 깨끗하게 걸러서 물로 만들어 마신답니다.

무중력 상태인 우주선 안의 우주 비행사들

8 우주로 가는 버스는 몇 번인가요?

"파이브, 포, 쓰리, 투, 원, 제로!"

발사 소리와 함께 우주선을 우주로 쏘아 올리면, 드디어 우주 비행이 시작되지요. 그러나 우주선을 쏘아 올리는 추진 장치인 로켓은 우주로 나가는 도중에 분리되어 흩어져요. 이렇듯 로켓은 오랫동안 일회용으로 한 번 쓰고 나면 다시는 쓸 수 없는 소모품이었어요.

1985년에 발사되어 2011년에 운행을 마친 우주 왕복선이지.

그렇지만 로켓을 만드는 데 드는 엄청난 돈과 노력을 생각하면 일회용으로 쓰기에는 너무 아까웠어요. 그래서 과학자들은 연구를 거듭한 끝에 마침내 우주를 반복해서 다닐 수 있는 우주선을 만들어 냈어요. 이것이 바로 우주 왕복선이랍니다.

미국 항공 우주국은 1972년에 우주 왕복선을 개발하기 시작해서 10년 뒤인 1981년에 완성했어요. 4월 12일, 드디어 두 명의 우주 비행사를 태운 최초의 우주 왕복선 컬럼비아호가 발사되었답니다. 컬럼비아호는 54시간 21분 동안 지구 둘레를 36바퀴나 돌고 4월 15일에 기지로 돌아왔어요.

미국의 네 번째 우주 왕복선인 아틀란티스호

여러 나라가 연합해서 짓고 있는 국제 우주 정거장

  컬럼비아호는 25번이나 우주에 나갔다가 돌아왔어요. 컬럼비아호 외에도 디스커버리호, 엔데버호 등 여러 대의 우주 왕복선이 활발하게 활동을 하고 있지요.
  우주 왕복선의 발명은 우주를 자유롭게 여행하기 위한 첫걸음이라고 할 수 있어요. 우주 공간에 도시를 건설하고, 공장을 짓는 데 필요한 건설 자재를 운반하기 위해 만들어진 것이 바로 우주 왕복선이기 때문이지요.
  우주 왕복선 덕분에 우주 정거장도 만들 수 있었답니다. 우주 정거장은 지구 둘레를 돌고 있는 커다란 인공위성이에요. 우주 비행사나 승무원들, 과학자들이 생활하고 쉴 수 있는 우주 호텔과 같은 곳이지요.
  우주 정거장은 로켓을 고치고 조립하는 정비소 역할과 연료를 공급해 주는 연료 보급소 역할도 해요. 또 사람이 우주 공간으로 나가기 위해 지구에서 가져온 기자재를 이곳 우주 정거장에 보관하기도 하지요. 그리고 이곳에서 조립한 로켓을 다른 행성으로 쏘아 보낼 수도 있어서 지구에서 먼 별도 쉽게 갈 수 있도록 도와주기도 해요.

6장 세계가 놀란 우리의 발명품

백성을 사랑하는 마음으로 만든 한글

한글은 조선의 4대 임금인 세종 대왕이 만들었어요. 세종 대왕의 업적은 여러 가지가 있지만 가장 최고는 우리말과 글인 훈민정음을 만든 것이지요. 한글은 세계의 어떤 글자보다 쉬워요. 자음 17자와 모음 11자로 표현하지 못하는 것이 없을 정도랍니다. 한글의 자음과 모음은 각각 기본이 되는 글자를 만든 다음, 그 기본 자에 점이나 선을 더해서 만들었어요.

먼저 자음의 기본 자는 'ㄱ, ㄴ, ㅁ, ㅅ, ㅇ'이에요. 사람의 발음 기관 모양을 본떠 만들었지요. 'ㄱ'은 혀뿌리가 목구멍을 막는 모양, 'ㄴ'은 혀가 입천장에 닿는 모양, 'ㅁ'은 입 모양, 'ㅅ'은 이 모양, 'ㅇ'은 목구멍 모양이에요. 나머지 자음 자는 이 기본 자에 획을 더해 만들었어요.

다음으로 모음 자도 기본 자 세 자 'ㆍ, ㅡ, ㅣ'를 먼저 만들었어요. 'ㆍ'은 둥근 하늘의 모양을, 'ㅡ'는 평평한 땅을, 'ㅣ'는 곧게 선 사람의 모양을 본떠 만들었지요. 이 기본 세 자를 조합하면 나머지 모음 자를 만들 수 있어요.

한글 덕분에 평범한 백성들도 글자로 자신의 생각을 전할 수 있었어요. 자기 나라의 말을 자기 나라의 글자로 표현할 수 있는 나라는 세계에서도 많지 않아요. 그렇기 때문에 백성을 사랑하는 마음으로 만든 훈민정음은 더욱 자랑스러운 우리의 발명품이자 문화유산이랍니다.

2. 서양보다 200여 년이나 앞선 금속 활자

세계 최초로 금속 활자를 만든 나라는 어디일까요? 혹시 1452년에 독일의 구텐베르크가 만든 금속 활자가 세계 최초라고 알고 있다면 그것은 잘못된 상식이에요. 우리나라는 이보다 무려 200여 년이나 앞선 1200년 대에 이미 금속 활자를 만들었답니다.

그동안 책을 찍을 때 이용했던 목판에 새긴 활자는 금방 닳아 없어져서 책을 여러 권 찍을 수 없었어요. 그리고 활자를 파는 시간도 오래 걸렸지요. 그래서 고려 사람들은 한 번 만들어 놓으면 글자만 새로 배열해서 몇 번이고 다시 쓸 수 있는 금속 활자를 만들었어요. 이 금속 활자로 1230년 대에 《신인상정예문발미》라는 책을 찍었다는 기록이 《동국이상국집》 후집에 전해져요. 그러나 이 책은 현재 남아 있지 않답니다.

하지만 1377년에 찍은 《직지심체요절》이 남아 있어서 우리 조상들의 앞선 기술을 잘 보여 주고 있어요. 《직지심체요절》은 짧게 줄여서 《직지》라고도 하는데, 고려 말의 백운이라는 스님이 선불교에서 전해져 내려오는 여러 이야기를 모아 만든 책이에요. 이 책 덕분에 세계 최초의 금속 활자를 발명한 나라는 독일이 아니라 우리나라라는 것을 세계에 증명할 수 있었답니다.

《직지심체요절》을 찍는 데 사용된 금속 활자의 모형이에요.

인천 공항의 한국 문화 박물관에 있는 금속 활자 모형

3 세계 최초의 철갑선 : 거북선

길이 33m, 폭 8m, 무게 200톤의 거대한 함선인 거북선은 세계 최초의 철갑선이에요. 철갑선이란 철로 배를 싸고, 그 위에 철로 만든 송곳을 박아 적이 배에 오르지 못하게 만든 배를 말하지요.

　거북선에 대한 기록들은 조선 태종 때부터 찾아볼 수 있어요. 그러나 거북선이 가장 큰 활약을 한 전투는 임진왜란 때였지요. 거북선은 주로 적의 함선에 충돌해서 부수는 돌격용이었어요. 단단한 소나무로 만든 거북선의 위력은 그 당시 왜군에게 공포의 대상이었다고 해요. 왜군의 배는 주로 삼나무로 만들었기 때문에 약한 편이었거든요.

　거북 모양으로 씌운 덮개 위의 쇠못은 왜군이 배 위로 기어 오르는 것을 막는 역할을 했어요. 왜군들은 멀리서 조총이나 화살로 공격을 하다가 가까이 접근하면 배로 올라타 칼로 싸움을 벌이는 전술을 사용했어요. 그런데 거북선 덮개의 뾰족한 쇠못은 이런 전술을 쓰는 왜군을 꼼짝 못하게 만들었지요.

　이순신 장군은 비밀 무기인 거북선이 왜군에게 드러나지 않도록 위장하는 방법도 썼어요. 거북선의 등에 촘촘히 박힌 쇠못을 숨기기 위해 물을 적신 거대한 거적을 씌웠지요. 이 거적을 씌우면 거북선은 정박해 있는 전함이 아니라 커다란 초가집처럼 보였다고 해요.

용산 전쟁기념관에 전시되어 있는 거북선 모형

4 동양에서 가장 오래된 천문대: 첨성대

첨성대는 신라 선덕 여왕 때 만들어진 천체 관측 기구예요. 옛날에는 홍수가 나거나 가뭄이 들면, 백성들은 하늘의 뜻을 받들어 나라를 다스리는 임금의 잘못이라고 생각했어요. 그래서 선덕 여왕은 하늘의 변화를 관찰하기 위해 첨성대를 만들었어요. 무조건 하늘을 따르며 작은 변화도 두려워하던 시대에, 우리 조상들은 적극적으로 하늘을 관찰한 것이지요.

지금 첨성대는 신라의 도읍지였던 경주에 있어요. 30cm 높이의 벽돌 362개를 27단으로 둥글게 쌓아 올려 만들었지요. 크기는 높이 9.17m, 밑지름 4.93m, 윗지름 2.85m예요.

그런데 첨성대에는 출입문이 없어요. 대신 바닥에서 4.16m 되는 곳의 남쪽 허리에 한 변이 1m인 정사각형 문이 달려 있는데, 이 문에 사다리를 걸 수 있는 홈이 파여 있어서 여기에 사다리를 걸고 올라갔을 거라고 해요. 거기서부터는 내부 사다리를 이용해서 꼭대기로 올라가 달과 별의 모양을 관측했을 것이라고 추측한답니다. 신라 사람들은 첨성대의 꼭대기에서 천체를 관측한 것을 바탕으로, 춘분·추분·동지·하지 등의 24절기를 측정해서 농사에 이용했어요.

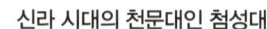

신라 시대의 천문대인 첨성대

발명 지식 플러스

우리나라의 에디슨, 장영실의 발명품들

장영실은 조선 시대의 뛰어난 발명가이자 과학자예요. 사람들의 생활에 필요한 많은 발명품을 만들었지요. 비록 천민 출신이었지만 어려서부터 장영실은 관찰력과 손재주가 뛰어났어요. 이를 눈여겨보던 세종 대왕은 장영실을 불러 많은 발명품을 만들도록 도와주었답니다.

● 장영실

● 혼천의 (1433년)
천체의 운행과 위치 그리고 적도 좌표를 관찰하는 데 쓰이던 천체 관측 기구예요.

● 앙부일구 (1434년)
해의 그림자로 시간을 재는 시계로 해시계라고도 해요. 시계 판이 가마솥같이 오목하고, 이 솥이 하늘을 우러르고 있다고 해서 이런 이름이 붙었어요. 현재 경복궁에 전시되어 있어요.

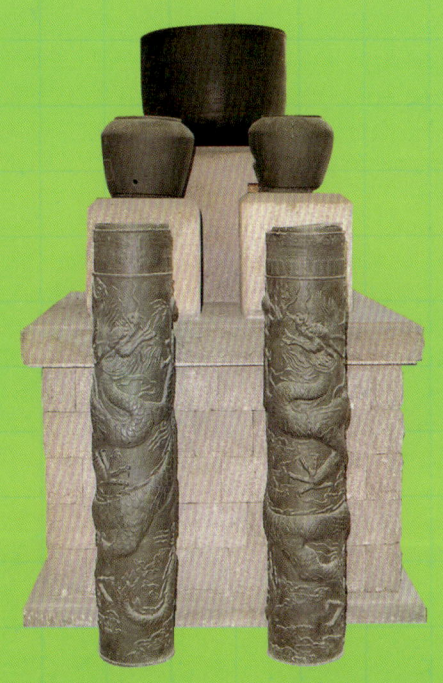

🔴 **자격루 (1434년)**

물을 부으면 저절로 움직여 시간을 알려 주는 자동 시보 장치가 달린 물시계예요. 지금은 1536년 중종 때 개량해서 만든 보루각 자격루가 덕수궁에 남아 있어요. 복잡한 자동 시보 장치가 없어지고, 3개의 물통과 2개의 물받이통만 남아 있지요.

🔴 **수표 (1441년)**

물의 높이를 재는 기구로 서울 청계천과 한강에 설치했어요. 물의 양을 수시로 확인해 홍수나 가뭄에 대비할 수 있어서, 백성들이 농사를 짓는 데 큰 도움을 주었지요.

🔴 **측우기 (1441년)**

세계 최초의 우량계예요. 규격화된 우량계를 만들어 비의 양을 과학적으로 관측한 나라는 우리나라가 세계에서 처음이지요.

7장
좋은 발명 VS 나쁜 발명

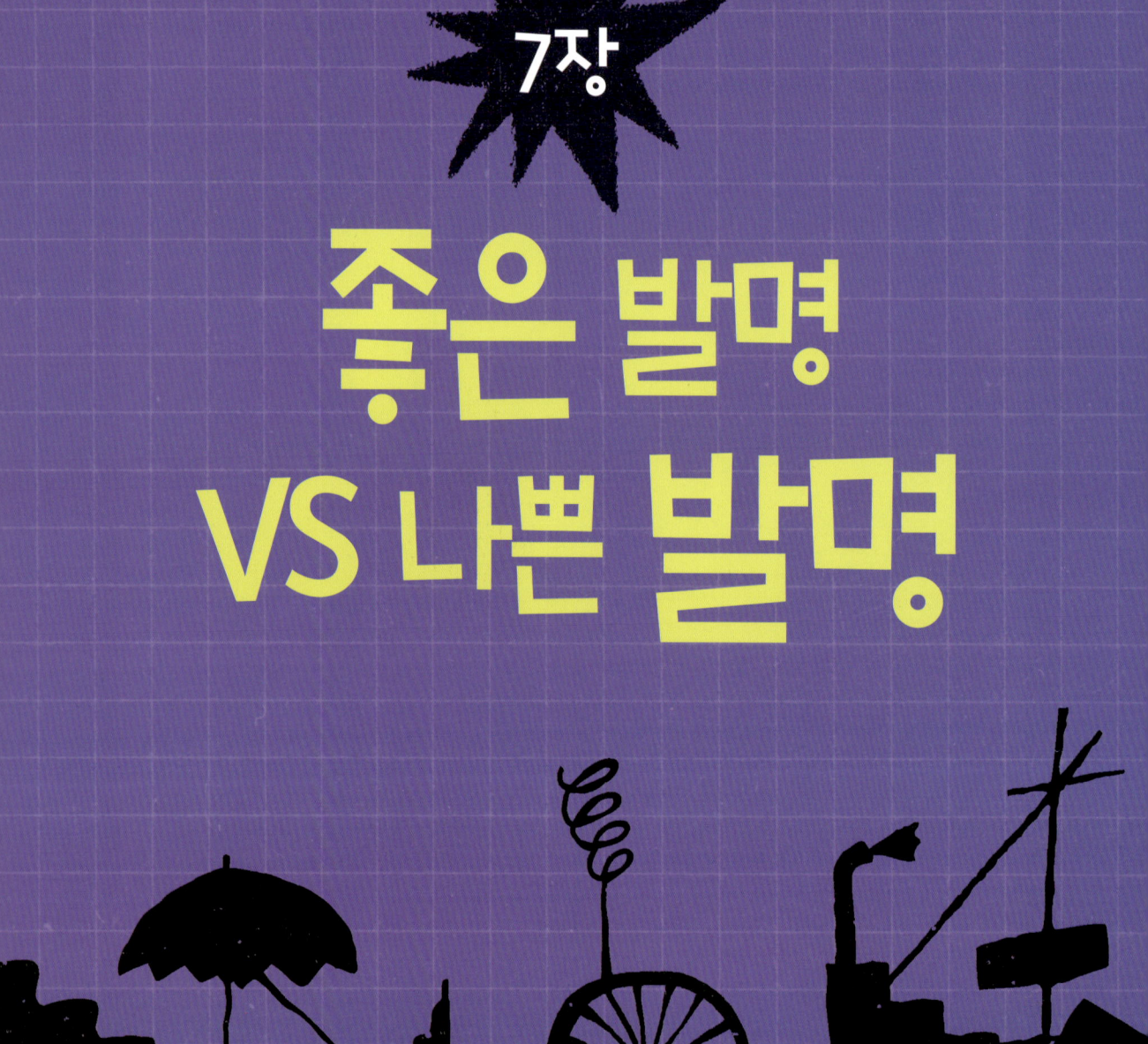

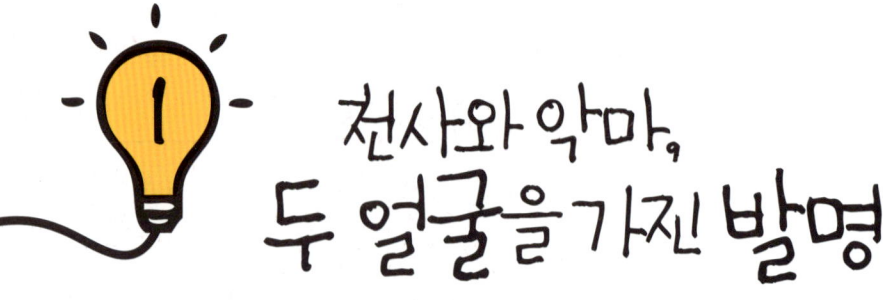
천사와 악마, 두 얼굴을 가진 발명

　발명에는 두 가지 얼굴이 있어요. 어떤 사람에게는 좋지만 또 다른 사람에게는 해가 되는 발명도 있고, 처음 발명할 때의 목적과 다르게 사용되어 발명가의 생각과는 전혀 다른 결과를 가져오는 발명도 있지요. 또한 그 발명품만 보았을 때는 매우 훌륭하지만 결국 환경에는 나쁜 영향을 끼치는 발명품도 많아요. 이런 발명품들은 마치 동전의 앞면과 뒷면처럼 전혀 다른 모습으로 세상에 영향을 미쳐요.

　또 남의 생각을 훔쳐서 마치 자신이 발명한 것인 양 세상 사람을 속여 부자가 되는 나쁜 사람도 있어요. 그래서 오랜 세월 동안 진짜 만든 사람이 아니라 다른 사람 이름으로 불리는 발명품도 많아요.

　그래서 발명을 할 때는 기발한 생각을 떠올리는 것보다 책임 의식이 더욱 중요해요. 발명가가 어떤 생각을 가지고 있느냐에 따라 세상에 해가 되는 나쁜 발명품을 만들 것인가, 아니면 세상 사람들에게 유익한 발명품을 만들 것인가가 결정되지요. 따라서 올바른 생각을 가지고 발명품을 만들어 내는 정직한 발명가가 되는 것은 아주 중요하답니다.

　발명가는 발명품이 세상에 나왔을 때 어떤 결과를 불러올 것인지 미리 예측할 수 있어야 해요. 그러기 위해서는 세상이 어떻게 변할지, 또 사람들이 무엇을 필요로 할지 늘 고민하고 깊게 생각할 수 있는 능력을 키워야 하지요.

건축에 필요한 폭약 VS 전쟁에 필요한 무기: 다이너마이트

발명의 두 얼굴을 가장 잘 보여 주는 것은 바로 다이너마이트의 발명이에요. 다이너마이트는 무언가를 터뜨리거나 부술 때 쓰는 폭약이지요.

다이너마이트를 발명한 사람은 스웨덴의 화학자인 알프레드 노벨이에요. 당시 폭약은 액체로 되어 있어서 조금만 잘못 다루어도 바로 터졌어요. 그래서 폭약을 사용하다가 많은 사람이 죽었지요.

하지만 노벨이 만든 고체 폭약인 다이너마이트는 아주 안정적이었어요. 불붙이는 장치에 불을 붙여야만 터지도록 만들어져 나오자마자 큰 인기를 끌었지요. 다이너마이트는 건설 현장, 광산 등 여러 곳에서 매우 유용하게 쓰였어요. 그러나 전쟁이 일어나자 다이너마이트는 사람을 죽이는 무기로 쓰이게 되었어요. 자신의 발명품이 사람을 죽이는 무기로 변하자 노벨의 마음은 무겁기만 했지요.

그러던 중 형 루드비히 노벨이 죽은 것을 자신이 죽은 것으로 잘못 알고 보도한 신문 기사에서 "다이너마이트를 발명한 죽음의 상인, 알프레드 노벨 사망하다!"라는 제목을 보고 노벨은 큰 충격을 받았어요.

1896년 11월 27일, 노벨은 자신의 전 재산을 스웨덴 정부에 맡기고 인류 복지와 평화를 위해 애쓴 사람들에게 상으로 주라는 유언을 남겼어요. 1901년 12월 10일, 노벨의 유언대로 첫 노벨상이 주어졌지요. 그의 발명이 다이너마이트의 빛보다 더욱 빛나는 순간이었어요.

3 전기를 만드는 발전 vs 사람을 죽이는 폭탄: 원자력

제2차 세계 대전이 한창일 때였어요. 독일의 과학자 아인슈타인은 당시 독재 정치를 펴던 나치를 피해 미국으로 도망쳤어요. 독일에서 원자 폭탄에 이용되는 우라늄에 대한 연구가 진행되는 사실을 알고 있던 아인슈타인은, 독재자 히틀러가 인류를 파멸시킬 수도 있는 무서운 무기를 만든다는 것을 루즈벨트 대통령에게 알렸지요.

루즈벨트 대통령은 이를 막기 위해 아인슈타인에게 독일보다 먼저 원자 폭탄을 만들 것을 요청했어요. 아인슈타인을 비롯한 여러 과학자들은 약 5년간에 걸친 연구 끝에, 드디어 우라늄의 엄청난 에너지를 이용한 무기인 원자 폭탄을 발명해 냈지요. 과학자들은 세계의 평화를 지키기 위해 만든 이 폭탄의 이름을 '리틀보이'라고 지었어요.

아인슈타인의 바람대로 원자 폭탄 '리틀보이'는 제2차 세계 대전을 끝내는 데 쓰이긴 했지만, 평화로운 결말을 맺지는 못했어요. 일본의 히로시마와 나가사키에 떨어진 원자 폭탄이 두 도시 전체를 파괴했기 때문이에요.

1945년 8월에 있었던 이 폭격으로 34만 명의 히로시마 인구 중 7만 명이 죽고 11만 명이 다쳤어요. 나가사키에서는 2만 명이 죽고 9만 명이 다쳤으며, 집과 건물이 대부분 파괴되었지요.

알버트 아인슈타인
(1879~1955년)

원자 폭탄을 만든 것이 정말 후회됩니다.

이 일을 두고 아인슈타인은 굉장히 괴로워했다고 해요. 자신의 발명품이 평화를 위해서만 쓰이기를 원했던 순수한 바람이 무너져 버렸기 때문이에요.

그러나 지금은 우라늄을 이용한 원자력을 좋은 곳에 많이 이용하고 있어요. 의학, 물리학, 생명 공학 분야는 물론 전기를 만드는 데도 원자력이 쓰이지요. 현재 우리나라에 공급되는 전력의 약 40%를 차지하는 원자력 발전 역시 원자 폭탄을 만드는 것과 같은 원리를 이용한 것이랍니다.

4. 빠른 이동과 편리함 vs 환경 오염의 주범: 자동차

오늘날 자동차의 원조는 1886년 벤츠 사에서 만든 가솔린 삼륜차라고 할 수 있어요. 독일의 칼 벤츠가 만든 자동차의 가솔린 내연 기관은 획기적으로 빠르고도 편리한 자동차를 탄생시켰어요. 그 뒤로 지금 우리가 타는 자동차까지 발전을 거듭해 왔지요. 자동차의 발명은 사람들의 편리한 이동과 무역의 발달 등 우리 생활에 매우 큰 도움을 주었어요. 하지만 인구가 늘어나고 도시가 발전하면서 너무나 많은 사람이 자동차를 이용하게 되자 문제가 생겼지요.

자동차는 기름과 가스를 사용하기 때문에 매연을 내뿜어요. 그러다 보니 공기가 오염되어 사람들의 건강이 나빠지게 되었어요. 게다가 지구의 온도가 올라가게 만드는 이산화탄소를 가장 많이 내뿜는 것도 바로 자동차이지요.

환경 오염의 심각성을 깨달은 사람들은 그동안 더 빠르고 멋진 자동차를 만드는 데만 신경을 썼지만, 차츰 지구 환경과 사람들의 건강을 걱정하게 되었어요. 그래서 매연을 내뿜지 않는 자동차인 전기 자동차를 개발하는 등 대기 오염을 줄이기 위해 노력하고 있답니다.

1886년 칼 벤츠가 만든 최초의 가솔린 자동차

깨끗한 화장실 VS 지나친 물 낭비 : 수세식 변기

요즘 대부분의 가정에서 볼 수 있는 수세식 변기의 역사는 아주 오래되었어요. 고고학자들은 기원전 2500년경부터 인더스 계곡에 살던 사람들의 집집마다 좌식 변기가 있었을 것이라고 말해요. 고대 이집트에서도 흐르는 물을 이용해서 오물을 버렸고, 고대 로마인들은 아주 까다로워서 심지어 여행을 다닐 때 쓸 수 있는 화장실까지 만들었다고 해요.

지금 우리가 사용하는 도기로 만든 양변기는 1885년 토머스 티포드라는 사람이 배설물 냄새를 없애는 배수관을 발명하면서 만들었어요.

만약 수세식 변기가 없다면 얼마나 불편할까요? 사람들의 배설물을 길가에 내버렸던 중세 시대에는 오물 때문에 각종 전염병이 돌아 많은 사람이 죽었어요. 당시 길거리의 오물을 밟지 않으려고 굽이 높은 구두인 하이힐을 발명했을 정도라고 하니 얼마나 더러웠을지 짐작이 가지요?

그런데 수세식 변기는 너무 많은 물이 낭비된다는 문제가 있어요. 또 오물을 씻어 내린 물이 빠져나가도록 하수 시설을 만들고 처리하는 비용도 매우 많이 든답니다. 결국 수세식 변기는 물 부족과 환경 오염이라는 결과를 가져왔어요. 물을 낭비하지 않으려면 변기의 수조에 벽돌이나 물을 담은 페트 병을 넣어 두어 물을 절약하고, 절수형 스위치를 반드시 사용해야 해요. 영국의 '환경을 위한 지침서'에는 온 가족이 모두 오줌을 눈 뒤 물이 노랗게 되었을 때, 변기의 물을 내리라고 적혀 있답니다.

6 가난한 사람의 버터 VS 몸에 해로운 가짜 버터: 마가린

빵에 버터를 발라 먹으면 참 고소하지요. 버터는 우유로 만들어요. 그런데 조그만 버터 조각을 하나 만들려면 우유가 몇 양동이나 필요하답니다. 이렇게 만들기도 어렵고 비싸다 보니, 가난한 사람들은 마음대로 버터를 먹을 수 없었어요.

그래서 프랑스 황제 나폴레옹 3세는 돈이 없어서 버터를 못 먹는 가난한 사람들과 전쟁 중인 군인들에게 먹이기 위해 싼값으로 버터와 비슷한 것을 만들어 내게 했어요. 기름에 대해 연구하던 화학자 무리에는 쇠기름에 우유를 조금 섞고, 여기에 유화제 등 식품 첨가물을 섞어서 맛과 향, 영양까지 버터와 비슷한 '마가린'을 만들어 냈어요.

'마가린'은 '진주 같다'라는 뜻의 그리스 어에서 나온 것으로, 부드럽고 반짝이는 마가린의 모습을 보고 지은 이름이에요.

그러나 가난한 사람을 위한 멋진 발명품인 마가린은 가난한 사람의 건강을 해치는 결과를 낳았답니다. 몸에 해로운 동물성 기름을 사용하고 유화제 같은 첨가물을 넣었기 때문이지요.

가난한 사람도 지방을 먹을 권리가 있고말고!

버터 대용품으로 마가린을 만들게 한
나폴레옹 3세

7 편리한 포장 VS 썩지 않는 쓰레기 : 비닐

비닐은 얇으면서도 잘 찢어지지 않아 우리 생활 속에서 두루 쓰이는 발명품이에요. 모양을 자유롭게 바꿀 수 있고 물과 공기를 통과시키지 않아서 아주 유용해요. 비닐은 석유를 가공해서 만드는 플라스틱의 한 종류인 폴리에틸렌으로 만들어요. 폴리에틸렌은 1933년 미국에서 처음으로 대량 생산되었어요. 공업용으로 쓰이는 파이프는 물론이고 가정에서 쓰는 랩, 플라스틱 용기, 비닐봉지 등 다양한 분야에 쓰이고 있지요.

그런데 비닐은 썩지 않는 성질 때문에 지구의 골칫거리인 쓰레기가 되고 있어요. 또한 비닐은 종이처럼 쉽게 찢어지지 않고 물에 젖지 않는 장점이 있지만, 여러 가지 단점을 가지고 있어요. 다 쓰고 난 비닐은 땅속에 묻으면 흙을 오염시켜 환경 호르몬을 내보내고, 태워서 없애면 다이옥신이라는 무서운 발암 물질을 만들어 내거든요.

비닐봉지 속에 죽어 있는 물고기를 손쉽게 잡았군. 그런데 좀 찜찜한걸.

그래서 이런 문제를 해결하기 위해 사람들은 쌀이나 녹말로 비닐을 만들어 자연 속에서 세균의 먹이가 될 수 있게 하고 있답니다.

또한 일상생활에서 비닐을 안 쓸 수는 없지만, 되도록 장바구니를 사용하고 재활용하는 습관을 가지는 것이 중요해요.

발명과 특허
8장

특허에 가려진 전화기의 진짜 발명가

사실은 내가 전화기를 발명했지.

안토니오 메우치
(1808~1889년)

전화기를 발명한 사람은 누구일까요? 아마도 대부분이 알렉산더 그레이엄 벨이라고 대답할 거예요. 하지만 최초로 전화기를 발명한 사람은 이탈리아 사람인 안토니오 메우치랍니다.

어느 날, 메우치는 전기로 사람을 치료하는 방법을 실험하고 있었어요. 그런데 우연히 입에서 나온 소리가 선을 타고 귀로 흘러 들어가는 전화기의 기본 원리를 발견하게 되었지요. 메우치는 이 원리를 이용해 1860년경 말을 하는 곳에 소리가 나면 흔들리는 진동판을 달고, 그 진동을 상대가 들을 수 있는 장치를 만들어 전화기를 발명했어요.

그런데 사람들은 날 전화기의 발명자로 알아.

알렉산더 그레이엄 벨
(1847~1922년)

그러나 메우치는 가난해서 전화기를 발명하고도 특허를 낼 돈이 없었어요. 게다가 그를 돕겠다고 나선 전신 회사인 웨스턴 유니언사와 의논하는 동안, 메우치가 만든 전화기의 모델과 설계도면을 도둑맞았지요.

그런데 얼마 뒤 같은 웨스턴 유니언사의 지원을 받은 알렉산더 그레이엄 벨이 메우치의 발명품과 아주 비슷한 모양의 전화기로 특허를 신청했어요. 메우치는 자신이 전화기를 발명한 사람임을 알리고 특허권을 돌려받기 위해 노력했어요. 그러나 가난한 이민자였던 메우치는 벨을 이길 수 없었지요. 결국 벨은 메우치의 발명품으로 특허권을 받아 부자가 되었어요.

메우치는 사람들에게 잊혀진 채로 병들어 세상을 떠났어요. 그러다가 2002년 미국 의회가 "최초의 전화기 발명가는 메우치이다."라고 공식적으로 선언함으로써 다시 인정받게 되었지요. 하지만 이미 많은 사람의 기억 속에 최초의 전화기 발명가는 벨이라는 인식이 자리 잡은 뒤라서 메우치의 명예는 충분히 회복되지 못했어요.

발명 지식 플러스

이동통신의 발달

요즈음은 휴대 전화가 없는 사람을 찾아보기 어렵지요.
안토니오 메우치가 전화기를 발명한 뒤로, 지금은 돌아다니며 전화를 걸 수도 있고 받을 수도 있는 이동통신의 시대가 되었어요. 이동통신 덕분에 우리는 사무실이나 집 등 특정한 장소에 머물러 있지 않아도 언제 어디서나 정보를 전달받을 수 있게 되었지요.

무선 호출기

● 무선 호출 시스템 개발

1973년 미국에서 세계 최초로 많은 사람이 이용할 수 있는 무선 호출 시스템을 개발했어요. 하지만 이후 영국에서 개발한 방식이 전 세계에서 널리 쓰이게 되었어요.
무선 호출기는 전화선으로 연결된 전화기와 달리 선이 없어서 사람들이 자유롭게 가지고 다니며 연락을 주고받을 수 있었어요. 우리나라에서는 '삐삐'라고도 불렸지요.

● 세계 최초의 휴대 전화 개발

1973년 미국의 모토로라라는 회사에서 세계 최초의 휴대 전화인 다이나택을 개발했어요. 다이나택은 크기나 모양이 마치 벽돌처럼 생겨서 '벽돌 휴대폰' 이라고도 불렸지요. 한 번 충전으로 30분 동안 통화할 수 있었어요. 하지만 일반 사람들이 쓰기엔 불편함이 많아서, 1983년에 만들어진 다이나택 8000X부터 널리 쓰이게 되었답니다.

다이나택을 개발한 마틴 쿠퍼

다이나택 8000X

🔴 디지털 이동통신 개발

디지털 기술이 발달하면서 휴대 전화로 음성 통화 외에도 문자 메시지, 이메일 등의 데이터 전송까지 할 수 있게 되었어요. 전화기의 크기도 최초로 만들어진 휴대 전화의 8분의 1 정도로 작아지고 모양도 막대기형, 폴더형, 플립형, 슬라이드형 등으로 다양해졌지요.

슬라이드형
폴더형
막대기형

🔴 멀티미디어 이동통신 개발

기술이 더욱 발달하면서 휴대 전화로 음성 데이터와 비음성 데이터를 모두 전송할 수 있게 되었어요. 비음성 데이터란 사진이나 동영상, 음악 같은 멀티미디어 콘텐츠 다운로드, 영상 통화, 메일 및 메시지 등을 말해요. 모양도 화면을 손가락으로 건드려 사용하는 터치형으로 바뀌었지요. 지금은 휴대 전화로 전화 통화 외에 영상 통화를 하기도 하고, 게임을 하거나 영화를 보기도 해요.

터치형

영화 장면이 떠 있는 휴대 전화의 화면

2 발명에 대한 권리, 특허

사람들은 새로운 발명을 하면 '특허'라는 것을 출원해요. 특허는 나라에서 그 발명이 정말 새롭고 쓸모 있다고 인정하는 거예요. 그래서 특허를 받은 발명을 이용하기 위해서는 발명을 한 사람에게 그에 걸맞은 대가를 지불해야 해요. 나라에서는 특허법이라는 제도를 통해 발명가의 권리를 보호해 주고 있답니다.

특허를 받기 위한 기본 조건을 알아볼까요? 특허를 내주는 곳은 특허청이에요. 그래서 발명을 하면 특허를 받기 위해 특허청에 먼저 출원해야 하지요. 특허를 받기 위해서는 정해진 절차를 거쳐야 해요.

우선 신규성이란 것을 검증받아요. 이것은 아무도 발명하지 않은 기술이란 사실을 증명하는 거예요. 전 세계 특허청과 우리나라 특허청의 기록을 조사해 정말 새로운 것인지 알아보지요.

그다음에는 특허를 출원한 기술이 실제로 만들 수 있는 것인지를 검증받아요. 아무리 좋은 아이디어도 만들 수 없는 것, 즉 기술적으로 불가능한 것이면 특허를 내주지 않아요.

또한 단순한 발견이나 자연법칙 같은 것에는 특허를 내주지 않는답니다. 특허는 우리가 알고 있는 자연법칙이나 과학에 기반해서, 그것을 새로운 기술로 풀어낸 것에만 주어지기 때문이에요.

특허의 등록 요건

발명가가 발명을 한 뒤 이에 대한 특허권을 얻으려면 특허 출원을 해야 해요. 특허 출원이란 특허받을 발명에 대한 내용을 서류로 작성해서 특허청에 필요한 비용과 함께 내는 것을 말하지요. 특허권을 받는 것은 다른 말로 '특허권을 출원했다.'라고 해요. 특허권을 받기 위해 갖추어야 할 요건은 다음과 같아요.

▶ 출원발명은 산업에 이용할 수 있어야 해요. – 산업상 이용 가능성

▶ 출원하기 전에 이미 알려진 기술이 아니어야 해요. – 신규성

▶ 선행 기술과 다른 것이라고 하더라도 그 선행 기술로부터 쉽게 생각해 낼 수 없는 것이어야 해요. – 진보성

결국 남이 이미 생각해 냈거나 만들어 낸 것이 아니고, 이미 나온 물건과 달라야 하는 것은 물론이고 더욱 발전된 것이어야 특허권을 얻을 수 있답니다.

발명품마다 다른 권리를 인정받을 수 있어요

발명에 대한 권리를 인정받기 위한 제도에는 여러 가지가 있어요. 특허 외에도 실용신안, 디자인, 상표 등이 발명가를 보호해 주지요. 특허를 포함한 이런 권리들을 '산업 재산권'이라고 해요. 산업 재산권에는 어떤 것들이 있는지 좀 더 자세히 알아볼까요?

특허와 실용신안

특허와 실용신안은 약간의 차이는 있지만 거의 비슷해요. 특허가 보호의 대상이 좀 더 넓지요. 특허를 받으면 물건뿐만 아니라 독창적인 제조 방법까지도 인정받을 수 있지만, 실용신안을 받을 경우에는 물건에 대한 발명만이 인정된다는 점이 다르답니다. 또 특허는 완전히 새로운 발명일 때 받을 수 있지만, 실용신안은 기존에 있던 것을 조금 바꾸어 더 유용하게 만든 경우에도 받을 수 있어요. 그리고 20년간 권리를 인정받는 특허와는 달리 실용신안은 10년 동안만 권리를 인정받아요.

디자인

어떤 모양의 물건을 창의적이고 독창적으로 디자인했을 때 인정받을 수 있는 권리예요. 디자인은 물건과 떨어질 수 없는 관계에 있으므로, 물건을 떠나서는 존재할 수 없지요.

현대 사회에서는 디자인이 상품의 판매량에 큰 영향을 미치기 때문에 디자인 등록은 매우 중요해요. 디자인은 20년 동안 권리를 인정받아요.

형상, 모양, 색채 모두가 디자인 보호의 대상이에요.

상표

상표에 대한 권리는 상표권이라고 해요. 여기에는 상표의 이름뿐만 아니라 마크와 글씨체 등 그 상품을 상징하는 모든 것이 포함되지요.

상표권은 출원하는 사람이 지정한 분야의 상품에만 권리를 주장할 수 있는 특징이 있어요. 그래서 상표권을 등록할 때는 어떤 곳에 쓸 상표인지 확실히 정해야 해요. 예를 들어 내가 '가나다'라는 상표를 만들어 '음식' 부문에 등록을 했는데, 다른 사람이 '가나다'라는 상표를 만들어 '컴퓨터' 부문에서 상표권을 얻는다고 해서 항의할 수 없지요.

사람들은 어떤 상품을 기억할 때 상품의 이름을 떠올려요. 이처럼 상업성이 있는 물건이나 상점의 이름은 그 자체가 상품으로서의 가치를 가진다고 볼 수 있지요. 그래서 상표에 대한 권리를 산업 재산권에 포함시켜 보호하는 거예요. 상표권의 종류에는 상표 외에도 서비스표, 단체표장, 업무표장이 있어요.

상표권은 등록일로부터 10년 동안 권리를 인정받을 수 있어요. 하지만 10년마다 기간을 연장할 수 있기 때문에 거의 기한이 없는 권리라고 봐도 되지요.

서비스표권은 학원이나 식당 등 서비스 업종의 회사 이름을 대상으로 하는 권리예요. 서비스업은 고객들에게 좋은 이미지를 주는 것이 중요해요. 그래서 현대 사회에서는 이와 밀접한 관계가 있는 서비스표권의 중요성이 강조되고 있어요. 기업들은 소비자들에게 좋은 이미지를 심어줄 수 있는 이름을 짓고 서비스표권을 등록해서, 이름과 함께 그 가치도 보호받고 있어요.

또한 단체 표장은 지방 특산물을 공동으로 생산하고 판매하는 단체에서 사용하는 표장을 말해요. 그리고 업무표장은 YMCA처럼 비영리적인 일을 하는 개인이나 단체가 사용하는 표장이에요.

우리 주변에서 볼 수 있는 다양한 상표들

내가 그린 그림도 보호받을 수 있대요

지식 재산권이란 새로운 것을 발견하거나, 어떤 것을 만드는 새로운 방법을 알아내거나, 새로운 상품을 디자인하거나, 상품의 새로운 기능을 개발한 사람에게 주어지는 권리예요. 앞에서 알아본 특허, 실용신안, 디자인권, 상표권이 모두 지식 재산권에 포함되는 권리이지요.

지식 재산권은 문학, 미술, 음악, 연극, 방송 등의 예술 작품을 만드는 사람들에게도 주어져요. 이것을 저작권이라고 해요. 그러니까 발명·디자인·상표 등의 산업 재산권과 문학·음악·미술 작품 등에 관한 저작권을 통틀어 지식 재산권이라고 하지요.

지식 재산권의 가치는 점점 높아지고 있어요. 현대 사회에서는 창의적인 기술이 나라의 경제를 움직이는 큰 재산이 되기 때문이에요.

여러분은 혹시 신문과 뉴스에서 기업의 중요한 기술을 남의 회사에 팔아넘겨 처벌받은 사람들의 이야기를 본 적이 있나요? 예전에 컴퓨터 만드는 회사에서 일하던 사람이 다른 회사로 옮기면서 중요한 기술을 몰래 빼낸 적이 있어요. 이 사람은 나중에 이 일로 큰 벌을 받았답니다.

한 기업에서 많은 돈과 시간, 노력을 들여 개발한 기술을 다른 기업에 팔아넘기는 일은 그 기술을 개발한 기업을 망하게 하는 것과 같아요. 그래서 이런 일은 법으로 엄격하게 금지하고 있답니다.

특허를 받기 위해 알아야 할 사람이 있다고요?

특허를 받으려면 알아 두어야 할 사람이 있어요. 바로 변리사예요. 변호사는 들어 봤는데 변리사는 처음 들어 본다고요? 변리사가 어떤 일을 하는 사람인지 알아볼까요?

변리사는 발명을 한 발명가가 산업 재산권을 취득하는 것을 도와주는 일을 해요. 또한 발명가에게 특허, 실용신안, 디자인, 상표 중 어떤 산업 재산권을 취득하는 것이 좋은지에 대해 알려 주기도 해요.

그리고 특허를 얻으려면 절차가 무척 복잡한데, 발명가를 대신해서 일을 처리해 주기도 하지요. 특히 더욱 복잡한 국제 특허를 취득하는 경우에는 변리사가 모든 절차를 맡아서 진행하는 경우가 많아요.

이 밖에도 지식 재산권과 관련된 소송에서 그 지식 재산권의 가치를 평가하는 일도 변리사가 해요. 즉, 변리사는 발명가를 도와주는 일을 하는 사람이지요.

변리사가 되려면 여러 분야의 지식이 필요해요. 특허를 받고자 하는 사람을 도와야 하므로 산업과 기술에 대한 전문적인 지식은 기본으로 갖추어야 하지요. 그리고 국제 특허 출원을 하려면 국제법도 알아야 하기 때문에 외국어 실력도 뛰어나야 해요.

세계가 지구촌화되고, 기술의 발달로 특허와 관련된 분쟁이 늘어나면서 변리사의 인기는 점점 높아지고 있어요. 이에 따라 변리사가 되려는 사람도 해마다 늘고 있답니다.

돈 안 들이고 특허 출원하는 방법

변리사를 통해 특허를 출원하려면 수십만 또는 수백만 원의 비용이 들어요. 그래서 돈 없는 학생이나 가난한 사람을 위해 대한변리사회(www.kpaa.or.kr)에서 무료로 특허를 출원해 주고 있어요. 변리사 비용뿐만 아니라 특허청에 납부하는 수수료도 면제해 준답니다. 자세한 내용은 전국 곳곳에 있는 발명교실에 문의하세요.

특허청은 무엇을 하는 곳인가요?

특허청은 특허, 실용신안, 디자인 및 상표 등의 산업 재산권을 관리하는 정부 기관이에요. 특허청에서는 발명가들이 산업 재산권을 출원하면 심사를 해서 권리를 줄 것인지 말 것인지 결정해요.

특허를 출원했는데 받지 못한 사람들이 항의를 하면 심판을 통해 해결해 주지요. 그리고 산업 재산권과 관련된 분쟁을 조정해 주기도 해요. 변리사를 관리하는 것도 특허청이 하는 일이랍니다.

이 밖에도 특허청에서는 많은 일을 하고 있어요. 특허청에서 하는 일을 좀 더 자세히 알아볼까요?

특허청에서는 외국과의 산업 재산권 문제에서 우리나라 국민의 권리를 보호하는 일도 해요. 외국의 특허를 분석해서 우리나라 상품을 위조한 것은 아닌지 감시하고, 우리의 기술이 다른 나라에서 몰래 쓰이는지도 조사하지요. 또 부정한 거래를 단속하고 추방하기 위한 활동을 펼치기도 해요.

그리고 특허 때문에 억울한 일을 당한 사람들을 돕기 위해 특허 심판 제도를 운영하고 있어요. 비슷한 발명품으로 다른 사람이 특허를 출원하거나 발명이 특허권을 가진 사람의 허락 없이 쓰이고 있을 때, 심판을 통해 발명가의 권리를 보호하지요.

특허청에서는 우리나라의 산업 발전에 도움을 주고, 국가 경쟁력을 높이기 위해 발명을 장려하는 일도 해요.

학생과 일반인을 대상으로 발명 전시회를 열어 발명가를 키우기도 하고, 여러 가지 법을 만들어 발명자의 권리를 지켜 준답니다. 잘못된 제도를 바로잡아 발명가들의 사기를 북돋아 주지요.

또한 특허청에서는 '발명의 날'을 제정하고 해마다 기념식을 열고 있어요. 세계 최초로 측우기를 발명한 5월 19일을 '발명의 날'로 지정하고 국민들에게 발명 의식을 확산시키기 위해 노력하고 있지요. '발명의 날' 행사는 특허청이 주최하고 한국발명진흥회가 주관해요. 행사에서는 발명 유공자 포상, 우수 발명 사례 발표, 홍보 영상물 상영, 우수 발명품 전시 등이 진행된답니다.

이 밖에 지역과 중소기업이 지식 재산권을 사업화하고 경영하는 것을 도와주는 등 창의적 아이디어를 신속하고 정확하게 권리로 만드는 일을 돕고 있어요.

특허청 홈페이지(www.kipo.go.kr)에 들어가 보면 특허청에서 하는 일을 더 자세히 알 수 있답니다.

특허를 받는 과정

1. 특허 출원 양식에 따라 서류를 작성해서 특허청에 제출해요.

2. 특허청에서 서류상으로 잘못된 곳이 없는지 심사해요. – 방식 심사

3. 새로운 기술이 특허를 받는 과정에 있다는 것을 알리기 위해 일반 사람들에게 공개해요.
   이렇게 공개된 기술은 특허를 받을 때까지 다른 사람들이 이용할 수 없어요. – 출원 공개

4. 특허청에서 산업상 이용 가능성과 신규성 그리고 진보성을 바탕으로 특허를 주기에 알맞은 발명인지
   심사해요. – 실체 심사

5. 실체 심사 결과를 바탕으로 특허를 줄 것인지 결정하고, 발명자에게 특허를 주겠다는 통지를 해요.
   특허를 주기에 적당하지 않은 경우에는 발명자에게 거절 이유를 알려요. – 특허 결정

6. 특허를 받게 된 발명자는 법정 기간 내에 특허청에 일정 금액의 등록료를 내고, 특허증을 받아요.
   – 등록 공고

1. 방식 심사 --> 2. 출원 공개 --> 3. 실체 심사 --> 4. 특허 결정 --> 5. 등록 공고

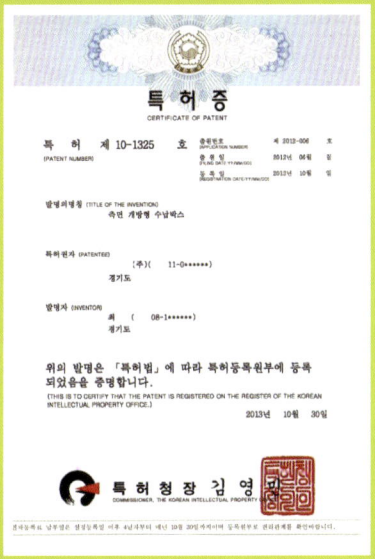

특허증

9장 누구나 발명을 할 수 있어요

아직도 발명할 것이 많이 남아 있을까요?

"2000년대는 블루오션이 지배한다!"

이런 말을 들어 본 적이 있나요? '푸른 대양'이란 뜻의 블루오션(blue ocean)은 미국의 유명한 경제학자인 르네 마보안이 만들어 낸 미래의 경영 전략을 의미하는 말이에요. 블루오션은 경쟁 회사와 다른 차별화된 상품을 개발하는 전략을 뜻해요. 반면, 이미 많은 기업들이 진출한 분야에 뛰어들어 경쟁에서 이기는 것을 목적으로 하는 전략을 레드오션(red ocean)이라고 하지요.

기존에 없던 것을 새롭게 만들어 내거나 이미 있는 것으로부터 새로운 아이디어를 얻는 발명은 훌륭한 블루오션 전략의 하나랍니다. 블루오션 시장에는 아직도 발명할 것들이 무궁무진해요. 블루오션 시장을 개척한 멋진 발명 가운데 하나인 애견 배변 훈련기에 대해 알아보기로 해요.

블루오션의 발상을 특허로 낸 애견 배변 훈련기

옛날 우리 조상들은 개를 집을 지키거나 가축을 돌보는 등 사람을 돕는 고마운 동물로 여겼어요. 그리고 요즘 사람들은 개를 가족처럼 아끼고 사랑하는 애완동물로 여기지요.

그러나 개를 좋아하는 사람이 많아지고 키우는 집이 늘어날수록, 버려지는 개들의 수도 늘고 있어요. 개를 버리는 큰 이유 중 하나가 배변 훈

련이 번거로운데다, 배변 훈련이 안 되면 아무데나 똥오줌을 싸서 위생상 좋지 않기 때문이라고 해요.

"똥오줌만 잘 가리면 정말 좋을 텐데, 무슨 방법이 없을까?"

이것이 블루오션 발상의 시작이었어요. 가족들이 모두 나가면 개에게 배변 훈련을 제대로 시킬 수 없기 때문에 개가 똥오줌을 가리지 못한다는 것에 생각이 미친 거예요.

"그래! 사람이 늘 개와 함께 있을 수는 없으니, 기계를 이용하면 되겠군! 용변을 잘 가렸을 때에는 맛있는 먹이를 주며 칭찬해 주는 기계를 만드는 거야."

배변 훈련의 기본인 칭찬을 사람이 아닌 기계가 대신해 주면서 개를 훈련시키는 것이지요. 이 생각을 해낸 발명가는 원래 있던 오줌 판에 먹이통을 설치했어요. 개가 오줌 판에 똥오줌을 누면 센서가 그것을 느껴, 자동으로 간식을 주고 똥오줌을 치우는 원리로 배변 훈련을 시키는 것이었지요.

애견 배변 훈련기 덕분에 똥오줌을 가리게 됐어요. 멍멍!

이처럼 애견 배변 훈련기는 똥오줌을 가리지 못해서 버려지는 개를 불쌍히 여긴 발명가의 마음에서 나온 발명품이에요. 이 애견 배변 훈련기는 한국 특허를 획득하고 국제 특허도 출원 중이며 상표권과 디자인권도 가지고 있답니다.

2 나도 발명가가 될 수 있어요

누구나 발명가가 될 수 있어요. 어린이 여러분도 예외가 아니랍니다. 99%의 노력으로 발명왕이 된 에디슨이나, 일상생활에서 아이디어를 얻어 발명품을 만들어 내는 친구들의 예를 봐도 발명은 특별한 사람만이 하는 어려운 것이 아니에요.

발명가에게는 자신감, 상상력, 부지런함, 끈기, 목표, 끊임없는 질문이 필요해요. 여러분도 마음속에 잠자고 있는 발명가 정신을 한번 깨워 보세요.

자신감

발명가에게 가장 중요한 것은 바로 자신감이에요. 세상에 없던 물건을 만들어 내고 어떤 사실을 증명해 내려면, 누가 뭐라고 해도 굽히지 않는 신념이 필요해요. 실패를 두려워하지 않고 끊임없이 도전한다면 반드시 성공할 수 있어요. 실패한 발명품에서 새로운 아이디어를 얻어 좋은 발명품이

모두가 아니라고 할 때도 자신감이 있었기에 '지동설'을 주장할 수 있었지요.

갈릴레오 갈릴레이
(1564~1642년)

나오기도 하고요. 이탈리아의 과학자 갈릴레이는 세상 모든 사람이 태양이 지구를 중심으로 돈다(천동설)고 주장할 때, 오직 혼자만이 지구가 태양을 중심으로 돈다(지동설)고 주장했어요.

상상력

상상력이 풍부한 사람만이 창의적인 꿈을 꿀 수 있어요. 상상력을 가지려면 어릴 적부터 많은 책을 읽어야 해요. 책 속에는 우리가 가 보지 못한 세계와 해 보지 못한 일이 가득하지요. 또 세계 여러 나라를 여행할 수도 있고, 만나고 싶은 위인들과도 친구가 될 수 있지요. 그리고 책을 읽다 보면 미래로도 갈 수 있고 과거로도 갈 수 있어요. 이렇게 누구에게나 행복을 전달하는 책을 열심히 읽는 것은 발명가의 자질을 키워 주는 가장 훌륭한 스승을 만나는 것과 다름없어요.

부지런함과 끈기

발명가에게는 부지런하고 끈기 있게 노력하는 자세도 필요해요. 머리가 좋아서 아무리 반짝이는 아이디어가 많아도 성실하지 못하면 절대로 발명을

비행기는 발명가의 상상력이 만들어 낸 멋진 결과물이에요.

"전구를 발명하기까지 수만 번 실패했지만 끈기 있게 노력해서 성공했지요."

토머스 앨바 에디슨
(1847~1931년)

할 수 없거든요. 끈기와 인내는 반드시 좋은 결과로 돌아온답니다. 발명왕이라고 불리는 에디슨도 한 가지 발명품을 만들기 위해 수없이 많은 실패를 했어요. 하지만 늘 부지런하고 끈기 있게 노력했기에 발명왕이라는 명예를 얻을 수 있었지요.

목표

달성하려는 목표가 분명해야 해요. 자신이 설정한 목표를 향해 계획하고 노력하며 도전하는 정신이 곧 발명가 정신이에요. 또 자신의 발명품을 이롭게 쓰겠다는 마음가짐을 지녀야 해요. 사람을 사랑하고 자연을 동경하며 남을 위해 봉사하는 사람, 정직하고 바른 생각이 아니면 "아니오."라고 이야기할 수 있는 사람, 자신의 양심을 팔지 않는 사람만이 인류를 이롭게 하는 위대한 발명을 할 수 있답니다.

"나는 커서 에디슨 같은 위대한 발명가가 될 거야!"

질문

늘 '왜?'라는 질문을 품어야 새로운 발명거리를 찾아낼 수 있어요. 모든 발명은 작은 호기심에서 시작되었답니다. 발명가를 꿈꾸는 여러분도 궁금증이 생길 때마다 잘 메모해 두었다가 두고두고 생각해 보세요. 호기심을 풀기 위해 구체적으로 어떻게 할 것인지 자세히 계획하는 것도 무척 좋은 습관이에요. 영국의 유명한 과학자 뉴턴은 나무에 달린 사과가 아래로 떨어지는 것을 보고, 지구가 사물을 잡아당긴다는 '만유인력'의 법칙을 발견했어요. 이처럼 당연한 것처럼 보이는 현상을 두고도 '왜?'라는 질문을 던졌기 때문에 뉴턴은 위대한 발견을 할 수 있었답니다.

나무에 달린 사과가 땅으로 떨어지는 것을 보고 '왜?'라는 질문을 던져 '만유인력' 법칙을 발견했답니다.

아이작 뉴턴
(1642~1727년)

어린이도 발명을 할 수 있나요?

• **학생 신분으로 특허를 등록하는 가장 쉬운 방법은 무엇인가요?**
매년 특허청과 한국발명진흥회에서 주최하는 대한민국 학생 발명 전시회에 참가해 입상하면 특허 및 실용신안 등록이 가능합니다.

• **대표적인 학생 발명 대회에는 어떤 것이 있나요?**
특허청과 한국발명진흥회에서 주관하는 대한민국 학생 발명 전시회, 국립중앙과학관의 청소년 과학 발명 경진 대회, 모형 로켓 경진 대회 등이 있습니다. 입상하면 대학교에 들어갈 때 특전도 주어집니다.

• **학생 발명 대회는 언제 열리고, 어떻게 참가할 수 있나요?**
대회마다 조금씩 다릅니다. 보통 매년 3~4월에 지방 예선을 거쳐 5~6월에 본선을 치르며, 관련 기관에서 각 학교로 공문을 보냅니다. 과학부 선생님께 부탁하거나 홈페이지를 통해서 정보를 알아볼 수 있어요.

• **발명에 관한 정보는 어떤 사이트에서 알아봐야 하나요?**
특허청 www.kipo.go.kr 한국발명진흥회 www.kipa.org 한국발명아카데미 www.hongdison.co.kr

발명가 자질 테스트

발명 지식 플러스

여러분도 모두 발명가가 될 수 있는 자질을 가지고 있어요. 그 자질을 어떻게 발견해서 가꾸어 나가느냐가 중요하지요. 자, 재미있는 문제를 풀면서 여러분에게 발명가의 자질이 얼마나 숨겨져 있는지 찾아보세요.

1. 처음 간 동네에서 길을 잃었어요. 돈도 없고 전화도 없어요. 어떻게 해야 할까요?

2. 택배 기사 아저씨가 어떤 물건을 배달해 주셨어요. 누가 보낸 무엇일까요?

3. 시계가 고장 났어요. 어떻게 해야 할까요?

4. 외할머니 댁에 왔는데 은행 심부름을 가야 해요. 길을 모르는 곳에서 심부름을 무사히 마치고 돌아오려면 어떻게 해야 할까요?

5. 강아지가 생겼어요. 데려오기 전에 무엇을 해야 할까요?

6. 동생이 아파요. 엄마가 오시기 전에 어떻게 돌보아야 할까요?

7. 물건을 어디에 두었는지 잊었을 땐 어떻게 해야 할까요?

8. 시장을 볼 때 해야 할 일은 무엇일까요?

9. 치매에 걸린 할머니가 집을 잃어버리셨나 봐요. 어떻게 도와 드릴까요?

10. 사고 싶은 물건이 있으면 어떻게 해야 할까요?

정답은 없어요. 여러분의 독창적인 생각들 모두가 정답입니다.
여러분이 쓴 답에서 다음과 같은 발명가의 자질을 엿볼 수 있어요.

1. 주위를 탐색하고 적응하는 능력
2. 호기심
3. 수리를 하여 개발하는 능력
4. 탐구력
5. 자료를 찾아 미리 공부하는 꼼꼼한 준비성
6. 관찰력과 따뜻한 마음씨
7. 추리력
8. 메모하는 습관과 분석력
9. 인내심과 논리적인 추리력
10. 계획성

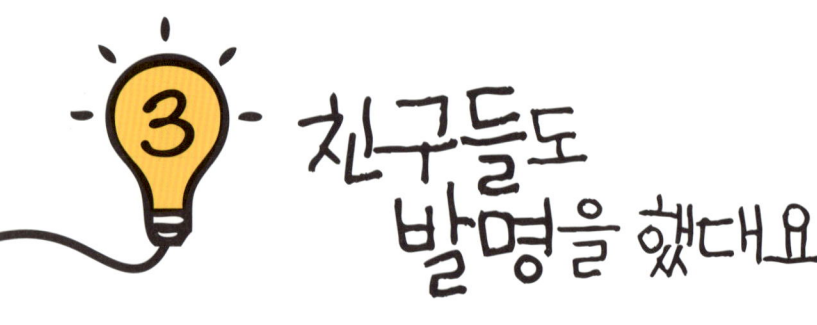

3 친구들도 발명을 했대요

2012년 타임지가 선정한 올해의 발명품 중에 '자동 팽창 타이어'가 있었어요. 타이어에 공기가 빠지면 알아서 공기를 넣고, 공기가 꽉 차면 자동으로 공기가 그만 들어가게 막는 똑똑한 타이어이지요. 그런데 이런 발명품을 신기하게만 볼 필요는 없어요. 어린이 여러분도 얼마든지 멋진 발명가가 될 수 있으니까요.

뛸까 말까 고민하지 않아도 되는 '예측 신호등'

남은 시간을 알 수 있어서 급하게 뛰지 않아도 돼.

요즘 신호등은 대부분 초록색 신호가 얼마나 남아 있는지 알려 주는 장치가 되어 있어요. 이런 예측 신호등을 만든 것은 바로 여러분과 같은 어린이인 서대웅 친구랍니다. 대웅이는 학교 앞 건널목에서 신호등이 초록색으로 바뀌어 길을 건너는데, 중간쯤에서 갑자기 신호등이 빨간색으로 바뀌는 바람에 당황했던 적이 많았어요. 그래서 '언제 신호등이 바뀔지 알 수 있다면 안전하고 좋을 텐데……' 하는 생각을 하게 되었어요.

그러던 어느 날 대웅이는 노래방 간판의 불이 글자 위에서 아래로 차례로 깜박이며 들어오는 것을 보았어요.

'신호등에 눈금을 매기자! 그리고 눈금이 차례로 줄어들

게 하면 시간이 얼마나 남았는지 알 수 있을 거야.'

이런 생각 끝에 대웅이는 초록색 신호가 남아 있는 시간을 알려 주는 신호등을 만들어 냈지요. 대웅이의 예측 신호등은 '전국 학생 과학 발명품 대회'에서 1등을 했어요. 지금은 우리나라의 거의 모든 신호등에 이 장치가 달려 있지요. 대웅이는 불편함을 불평하는 것에 그치지 않고 사물을 관찰하면서 얻은 번뜩이는 재치로 훌륭한 발명을 한 거예요.

겨울에도 밖에서 놀 수 있게 해 준 귀마개

밖에서 더 놀고 싶은데 겨울은 너무 추워요. 친구들과 밖에서 하루 종일 놀다가는 얼굴이 꽁꽁 얼어 버리지요. 우리 마음처럼 추운 겨울에도 놀고 싶어 하는 어린이가 있었어요. 겨울에 밖에서 놀 때 귀가 시려워 놀기가 불편하고, 나가서 놀지 말라는 부모님의 걱정 때문에 불안하던 체스터 그린우드이지요.

체스터는 '귀가 시릴 때 손으로 귀를 가리는 것처럼 감싸는 것이 있으면 좋을 텐데…….'라는 생각을 했어요. 그리고 귀에 덮기 위해 철사를 동그랗게 말아서 털가죽을 대고 꿰매어 모자에 붙였어요.

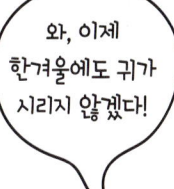

와, 이제 한겨울에도 귀가 시리지 않겠다!

귀마개를 단 모자를 쓰자, 실컷 눈싸움을 하고 스케이트를 타도 춥지 않았지요. 4년 뒤 체스터는 사업가가 되었어요. 특허를 내어 자신의 발명품을 보호받아 큰 사업을 하게 되었던 것이지요.

발명 지식 플러스

타임지 선정 '올해의 발명품'

타임지는 미국의 유명한 시사 잡지예요.
해마다 '올해의 발명품'을 소개하는데, 그 가운데에서
가장 대표적인 것들을 좀 더 자세히 알아보기로 해요.

2004년 '젖지 않는 물'

미국의 3M사가 개발한 방화액 '노벡1230'이에요.
이 액체는 물과 똑같아 보이지만 속에 노트북,
휴대 전화 등을 넣어도 젖지 않아요.
그래서 슈퍼컴퓨터의 냉매 또는 사무실, 컴퓨터실
등의 화재 진압용 방화액으로 쓰일 수 있지요.

2006년 '유튜브'

매일 1억 개의 비디오 조회 수를
기록하는 세계 최대의 동영상 사이트예요.
2005년 채드 헐리 외 2사람이 같이
만들었어요. 사용자가 영상 클립을
무료로 업로드하거나 보거나
공유할 수 있어요.

🔴 2009년 '날개 없는 선풍기'

영국 다이슨사에서 개발한 것으로 선풍기에 대한 이전까지의 생각을 완전히 바꾼 획기적인 제품이에요. 날개는 없지만 공기를 증폭시키는 원리로 시원한 바람을 만들어 내요.

2009년 달 탐사 로켓 '아레스' 🔴

미국 항공 우주국인 나사(NASA)에서 만든 우주 탐사 로켓이에요.
총 길이 100m로 그동안 만들어진 로켓 중 가장 커요. 인류 달 착륙 프로젝트는 1972년 아폴로 17호를 마지막으로 중단되었는데, 다가올 2020년에 다시 인간을 달에 보내기 위한 목적으로 만들어졌어요.

🔴 2010년 '아이패드'

미국의 애플 사에서 만든 태블릿 컴퓨터로 책, 영화, 음악, 게임, 책, 웹 콘텐츠 등 다양한 시청각 매체를 사용할 수 있어요. 태블릿은, 펜이나 손가락으로 직접 평판을 터치하며 조작하는 컴퓨터용 입력 장치를 말해요.

4 좋은 발명가가 되기 위한 약속: 발명 서약서

　미래의 발명가가 되려는 어린이 여러분, 좋은 발명과 나쁜 발명은 세상을 아주 다른 모습으로 만든다는 사실을 앞에서 배웠지요?

　발명품은 세상에 좋든 나쁘든 영향을 끼쳐요. 아무리 좋은 뜻으로 발명을 했더라도 그 발명품이 나쁜 곳에 사용되면 세상에 피해를 끼치게 된답니다.

　예를 들어 어떤 발명가가 위급한 사고가 났을 때 사람을 구하기 위해 로봇을 만들었다고 해 보아요. 그런데 그 로봇이 전쟁에서 총을 들고 사람들의 목숨을 빼앗는 무기로 쓰인다면, 그 로봇은 좋은 발명품만은 아니게 되지요. 따라서 발명가는 발명을 할 때 자신의 발명품이 사회에 어떤 영향을 미칠지 꼭 생각하고 연구를 시작해야 해요.

이제 멋진 발명가가 되기 위해서 세상 사람들뿐 아니라 자기 자신에게 약속을 해 보세요. 장차 세상을 바꿀 멋진 발명가를 꿈꾸면서 발명 서약서를 써 보는 거예요.

<발명 서약서>

절대로 남의 생각을 훔쳐서 내 것처럼 사용하지 않고,

나의 생각과 노력으로 만든 발명품을 나쁜 일에 사용하지 않을 것이며,

인간과 세상을 망치는 발명은 하지 않겠다.

좋은 생각과 뜻을 가지고 만든 발명품으로 얻는 돈과 명예를

가난한 사람과 세상을 위해 쓸 것이고,

인간과 생명을 위해 노력하는 발명가가 되겠다.

미래의 발명왕, ○○○

# 5 생각을 바꾸면
발명을 할 수 있어요

발명은 뭔가 대단하고 거창한 것을 생각해 내거나 만들어 내야만 하는 것이 아니에요. 늘 하던 생각을 조금만 바꾸어도 우리 생활을 편리하게 해 주는 발명이 얼마든지 가능하답니다.

지우개가 달린 연필은 늘 함께 필요하지만 따로 떨어져 있던 것들을 묶은 간단한 발명품이에요. 연필로 글씨를 쓰다가 매번 지우개를 찾으러 다니는 번거로움을 줄이기 위해 두 가지를 아예 묶어 버린 것이지요. 지우개 달린 연필은 누구나 느끼는 불편함이었지만 행동으로 옮기지 못했던 것을 실행해서 발명품으로 인정받은 좋은 예랍니다.

구부릴 수 있는 빨대도 역시 생각을 바꾸어 만든 발명품이에요. 아픈 아들을 간호하던 엄마가 '침대에 누워서 편히 물을 마시는 방법이 없을까?' 하고 궁리하다가, 빳빳한 빨대를 과감하게 구부려 사용한 것이지요.

누구나 느낀 불편함을 없애기 위해 적극적으로 행동한 결과로 탄생한 발명품이지.

이렇게 기존의 생각을 뒤집은 끝에 나온 것들은 우리 주변에서도 쉽게 찾아볼 수 있어요. 둥근 피자에 익숙한 사람들에게 새로움을 느끼게 해 준 네모난 피자도 있고, 한 가지로만 토핑하는 게 아니라 절반씩 따로 토핑하는 아이디어를 낸 피자도 있어요. 튀긴 통닭에 양념을 묻힌 양념 통닭은 많은 사람들의 입맛을 바꾸기도 했지요.

또 발로 페달을 눌러서 뚜껑을 여는 쓰레기통도 마찬가지예요. 이것은 이전에는 쓰레기통 뚜껑이 더러워도 손으로 열 수밖에 없다고 생각했지만, 발로도 쓰레기통 뚜껑을 열 수 있다고 생각을 바꾼 데서 탄생한 발명품이지요.

이렇게 생각을 조금만 바꾸고, 과감히 행동으로 옮기면 훌륭한 발명품을 만들 수 있답니다.

발명의 10계명

발명의 10계명은 한국발명문화교육연구소의 왕연중 소장님이 1989년에 창안 발표한 거예요. 세계적인 발명 기법으로 뿌리를 내린 내용이랍니다. 그 내용은 다음과 같아요.

1. 더해 보라
2. 빼 보라
3. 아이디어를 빌려 보라
4. 크게 하거나 작게 해 보라
5. 모양을 바꿔 보라
6. 용도를 바꿔 보라
7. 재료를 바꿔 보라
8. 반대로 생각해 보라
9. 제품도 이용해 보라
10. 불가능한 발명은 피하라

6 발명의 기법

"천재는 1%의 영감과 99%의 노력으로 만들어집니다."

발명왕 토머스 에디슨의 말처럼, 발명은 천재만 할 수 있는 것이 아니에요. 노력하면 누구나 할 수 있지요.

여러분 주위를 둘러보면 불편한 것도 있고 재미있는 기발한 생각이 나게 하는 것들을 찾을 수 있어요. 이런 것들이 발명의 아이디어가 될 수 있고, 발명의 시작이 될 수 있답니다. 이처럼 세상을 좀 더 살기 좋게 만들려는 발명가들의 노력으로 세상은 조금씩 편리해져 왔어요.

발명을 하는 방법은 생각보다 어렵지 않아요. 생활 속에서 작은 관심과 관찰만으로도 얼마든지 발명을 할 수 있어요. 무조건 새로운 물건을 만들어 내야 한다는 생각을 버리고, 이미 사용되고 있는 물건을 살짝 바꾸거나 다른 물건과 합해서 새로운 물건을 만들어 낼 수도 있지요.

자, 이제부터 발명하는 방법을 알아볼까요?

텔레비전+컴퓨터로 만들어진 스마트 TV. 완전 편리한데!

첫 번째, 발명의 더하기 기법

이미 있는 물건에 또 다른 물건을 합하거나 간단한 기능만 보완해서 새로운 물건을 발명해 내는 것이지요. 더하기 기법으로 탄생된 가장 대표적인 발명품은 앞에 나온 지우개 달린 연필이에요. 텔레비전에 컴퓨터의 기능을 더한 스마트 텔레비전과 종이컵에 손잡이를 달아 뜨겁지 않게 만든 제품도 있어요.

두 번째, 발명의 빼기 기법

이미 있는 물건에서 어떤 기능을 빼서 다른 모양으로 만들어 내는 기법이에요. 처음 만들어진 연필이 둥글어서 자꾸 책상에서 굴러 떨어지는 것을 보고, 연필을 각지게 만들어 굴러 떨어지지 않게 만든 것을 예로 들 수 있어요.

각을 지게 해 놓으니 굴러가다가도 멈추네.

세 번째, 남들의 입장이 되어 보는 기법

남을 배려하는 눈으로 보면 만들 수 있는 발명품도 있어요. 다리가 불편한 사람을 위한 의족이나 휠체어도 그렇게 탄생한 발명품이지요. 또 앞에 나온 귀마개가 달린 모자는 추위를 염려하는 어머니의 걱정을 덜어 주기 위해 초등학생 아들이 만든 발명품이었답니다.

그 외에도 생각을 뒤집어 보거나 남이 생각한 아이디어를 이용해서 발명을 할 수도 있어요. 창의적인 생각의 눈으로 보면 발명의 세계가 더 잘 보이지요. 남들보다 불편함을 잘 살펴보는 눈을 가지려면 일상의 사물에 관심을 가져야 해요. 그리고 미래를 예측하는 다양한 정보를 끊임없이 습득하면 미래에 필요하거나 또는 변화를 줄 수 있는 발명품을 만들 수도 있답니다.

다리가 불편한 사람을 위하는 마음에서 발명된 휠체어예요.

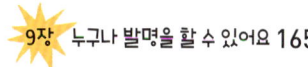

7 직접 발명품을 만들어 보아요

평소에 '이런 것이 있다면 참 좋을 텐데…….'라고 생각한 적이 있나요? 아니면, 불편해서 고치고 싶은 물건이 있나요? 발명은 나와는 상관없는 특별한 사람이 하는 것이 아니에요. 여러분도 지금 바로 생각을 모아서 발명을 시작해 보세요.

발명의 노하우

1. Think (생각하기!)
필요한 물건이나 사용하기 불편한 물건이 무엇인지 생각해 보세요.

2. Why (왜 그럴까?)
왜 발명을 해야 한다고 생각했는지 자세히 메모를 해 보세요.

3. How (어떻게 만들까?)
문제를 알고 어떻게 해결할 수 있을지,
구체적으로 방법을 연구해 보세요.

4. Make (만들어 볼까?)
연습과 실험을 통해 직접 만들어 보세요.

5. Sale (팔아 볼까?)
발명품은 많은 사람이 필요해서 사용할 수 있어야 해요.
많은 사람에게 알릴 수 있도록 홍보하고 파는 방법을 연구해 보세요.

6. Share (나누어 주자!)
내 발명이 여러 사람에게 도움을 줄 수 있는지 생각해 보세요.
발명은 욕심을 채우는 수단이 아니라
남을 돕고 사회에 기여하는 일이니까요.

사진 출처

특허청, 한국쓰리엠, 연합뉴스, Dreamstime, Photos, Flickr (Marsmet547), Wikimedia commons (Ramessos, Mauro Cateb, Ninjatacoshell, H.J. Larsen, Bugwood.org, Andre Engels, George Grantham Bain Collection, Nevit Dilmen, U.S. Navy photo, CDC, National Portrait Gallery, London:NPG 663, Christian Rasmussen, National Portrait Gallery, London:NPG 2546, Kevin King, Google Art Project, Pavel Sevela, Id711, Wwgcc, NASA, Dayofid, Steve46814, Tm21c, U.S. DefenseImagery, Milad Mosapoor, Xlibber, Oren Jack Turner, Thesupermat, Rama, Renee Comet, Smithsonion Institution, Daderot, Pluma, Bonhams, BHC2700, Jim&rhoda, William waterway, Eclipse.sx, Par'ot of Doom, Daniels John T, U.S. Army Photo, Redrum0486, Bachrach Studios, Levin C. Handy, Andrew Balet, Edison Stoage Battery Company, Florian Fuchs, Rico Shen, Mk2010, Chikun, Jjborcean, Miansari66, Kommissar todd06, Tibald, TannerKrolle, Lisa, Nicole Aspinall, Evan-amos, laihiuyeung ryanne, Michibeckmichal, Polimerek, Gnsin, Daniel Zanetti, CJ Sorg, Chris 73, Himasaram, Bernat, Gapo)

- 이 책에 실린 사진은 저작권자의 허락을 받아 게재한 것입니다.
- 저작권자를 찾지 못해 게재 허락을 받지 못한 일부 사진은 저작권자가 확인되는 대로 게재 허락을 받고 통상 기준에 따라 사용료를 지불하겠습니다.

| 찾아보기 |

ㄱ

갈릴레이 150
거북선 102
구텐베르크 100
귀마개 157
금속 활자 100
길버트 21
김치 14
깡통 따개 15

ㄴ

나침반 26
나폴레옹 3세 120
날개 없는 선풍기 159
냉매제 72
냉장고 111
네비게이션(GPS) 70
노벨 112
노벨상 112
뉴커먼 45
뉴턴 153
닐 암스트롱 89

ㄷ

다이너마이트 112
다임러 27
돌리 74
디자인 132

ㄹ

라이트 형제 86
란트슈타이너 50
레드오션 146
로봇 80
로켓 90
뢴트겐 36
리틀보이 114

ㅁ

마가린 120
마그네트론 46
마이크로파 46
마찰 전기 23
마취제 53
만유인력의 법칙 153
망원경 26
먼로파크 67

몽골피에 형제 86
물이 필요 없는 화장실 62

ㅂ

발견 16
발명 16
발명 서약서 160
발명의 기법 164
발명의 날 142
발명의 노하우 167
발전기 23
발효 식품 13
배아 줄기세포 77
백신 39
백열전구 67
버터 120
번개 55
베어드 28
벤츠 116
벨 126
변리사 138
보스토크 1호 87
볼타 21
부력의 원리 25
부싯돌 18

블루오션 146
블룬델 50
비닐 122
비행기 111
빌 게이츠 62

ㅅ

산업 재산권 132
상표 134
서비스표 135
선덕 여왕 104
세종 대왕 96
소니사 60
수세식 변기 118
수표 107
수혈 50
스펜서 46
스푸트니크 1호
실용신안 132

ㅇ

아레스 159
아르키메데스 24
아산화질소 54
아이스크림 12
아이패드 159

아인슈타인 114
아페르 14
아폴로 11호 89
안토니오 메우치 126
알람 시계 64
앙부일구 107
애견 배변 훈련기 146
에니악 29
에디슨 88
에테르 54
엑스선 36
열기구 86
예측 신호등 156
올해의 발명품 158
와트 44
우주 생활 89
우주 왕복선 90
우주 정거장 92
우주여행 86
워크맨 60
원자 폭탄 114
원자력 발전 114
월드 와이드 웹 29
유레카 24
유리 가가린 88
유전자 변형 85
유전자 조작 식품 84

유튜브 159
이동통신 128
이순신 102
인간 복제 79

ㅈ

자격루 107
자동차 116
자동 팽창 타이어 156
장영실 106
전기 20
전자레인지 46
전화기 126
젖지 않는 물 158
종이 26
증기 기관 44
증기 기관차 27
지식 재산권 136
직지심체요절 100

ㅊ

첨성대 104
체세포 복제 74
축음기 66
축전지 67
측우기 106

치즈 15

컬럼비아호 90
클로로포름 54
키네토스코프 67

타임지 158
탄소 전화 송화기 67
탄저균 43
테팔사 73
테플론 72
텔레비전 28
통조림 15
특허 130
특허를 받는 과정 143
특허의 등록 요건 131
특허청 140
특허 출원 139

파벨 61
파스퇴르 39
파인애플 딸기 85
파피루스 26

페니실린 32
포도상구균 33
폴리에틸렌 122
푸른곰팡이 33
플라스틱 122
플랭클린 55
플럼켓 72
플레밍 32
피뢰침 55

학생 발명 대회 153
한글 96
험프리 데이비 53
혈액형 50
호박 23
혼천의 106
화약 27
활비비 18
훈민정음 96
휴대 전화 128